공존을 위한
인문 무크지 아크 10

전환

상지인문학
아카데미 10주년

하나의 주제, 무한한 시선
아크가 엮어내는 공존의 가치

1 휴먼 2 믿음 3 자연 4 환대 5 소통
6 기분 7 위로 8 용기 9 품격 10 전환

아크 10호 발간

인문 네트워크로 확장

인문학 생태계를 만들기 위한
아크 공식 홈페이지

www.archsangji.com

ARCH-

아크 10

전환

허동윤

㈜상지엔지니어링건축사사무소 대표이사로 '건축은 인문에 다름 아니다'라는 생각을 가지고 있다. 2007년부터 열린부산·도시건축포럼을, 2017년부터 상지인문학아카데미를 운영하고 있다. 2020년부터는 인문 무크지 『아크』를 발간하고 있다. 2023년 부산시 문화상 공간예술 부문 을 수상했다.

아크 10호 발간에 부쳐

학창시절 건축이 예술의 변방이 아니라 중심에 가닿아 있음을 알게 해준 잡지 『공간』처럼 건축이 인문과 다름이 아님을, 『뿌리깊은 나무』처럼 깊은 정신의 힘이 누구에게나 스며들 수 있도록 어렵지 않게 읽을 수 있으며 대중지성을 넓혀갈 수 있는 잡지를 내고 싶다는 바람은 늘 가지고 있었습니다. 하지만 건축사사무소에서 인문학아카데미를 하면서 잡지까지 낸다는 게 쉽지 않았습니다.

코로나19 팬데믹으로 인해 인문학 강좌를 열 수 없었던 상지인문학아카데미는, 2020년 새로운 시도로 인문학 무크지를 발간했습니다. 언제 끝날지 모르는 거리두기 상황에서 그전부터 가지고 있던 인문학 잡지에 대한 마음을 구체화시켰습니다.

상지인문학아카데미가 2015년부터 시작했으니 만 5년이 지난 시점이라 그동안 지역에서 함께했던 인문학자들과 수강생들에 대한 일종의 책임감도 있었습니다. 지역의 인문학자들과 함께 동반성장하겠다고 시작한 상지인문학아카데미가 거리두기로 인해 문을 닫게 된다 해도 계속 인문학 운동을 이어갈 방법을 생각하니 최선이 인문학 잡지 발간이었습니다. 그렇게 언젠가는 하는 마음이 현실이 됐습니다.

기존의 상지인문학아카데미가 지역 중심의 인문학 운동이었다면, 아크는 지역을 너머 인문네트워크를 짜는 역할을 할 수 있을 거라는 생각을 했습니다. 그렇게 창간호부터 엮어 가다 보니 어느새 10호까지 왔습니다. 상지인문학아카데미도 올해 10주년이 됐습니다. 오프라인에서는 인문학 강좌를 열고, 인문 무크지 아크를 통해 지역을 넘나들면서 인문네트워크를 넓혀가다 보면 지속가능한 인문학 생태계를 만들 수 있을 거라는 '희망'을 갖게 됐습니다. 그 새로운 가능성을 '아크홈페이지https://www.archsangji.com' 에 담았습니다.

이번 아크 10호의 주제는 '전환'입니다. 생각해보면 코로나19 팬데믹은 우리 모두에게 위기를 가져왔지만, 덕분에 상지인문학아카데미에게는 인문 무크지 발간의 전환점이 됐습니다. 그리고 다시 상지인문학아카데미 10주년과 인문 무크지 아크 10호 발간을 기점으로 인문학 생태계의 선순환을 위한 플랫폼을 만들어 가고 있습니다. 아크 10호가 나오기까지 함께해주신 모든 필자들과 독자들께 진심으로 감사합니다. 부디, 이 작업들이 세상 곳곳에 닿아 새로운 가능성의 씨앗이 되었으면 하는 바람입니다.

정치, 경제, 문화뿐 아니라 기후적으로도 대전환의 시대입니다. 지금, 회복할 것은 회복하고 바꿀 것은 바꾸면서 새롭게 시작하는 출발점이 됐으면 합니다.

고영란

월간 『예술부산』 기자, ㈔한국예술문화비평가협회 사무국장과 계간 『예술문화비평』 편집장을 지냈다. ㈜상지건축 대외협력본부장으로 인문학아카데미를 기획, 진행하고 있으며 인문 무크지 『아크』 편집장이다.

Editor's letter

대학에 입학하고 5월 메이데이 집회에 처음 참석했습니다. 사회 문제에 특별히 관심이 있어서는 아니었습니다. 입학 후 선배가 빌려준 책을 돌려주러 갔다가 얼떨결에 붙잡힌 동아리가 소위 말하는 운동권 동아리였습니다. 그다지 타인에 대해 관심이 없던 나는 언제 잡혀갈지 모르는 그런 위험천만한 동아리에 가입할 생각은 추호도 없었습니다. 다만, 딱 한 번만 집회에 참석하자고 하는 선배의 청을 거절하지 못해서였습니다. 그날, 마이크를 잡고 연단에 선 김진숙 노동자를 봤습니다. 초등학교를 졸업하고 신발공장에 취업한 은희, 중학교 졸업 후 여기저기 팔려 다니다 끝내 숨을 거둔 경미, 그리고 여자라는 이유로 평생 억눌려 산 내 어머니가 그의 이야기 속에 있었습니다. 그날 이후 미니스커트 대신 바지를 입고, 하이힐 대신 운동화를 신었습니다. 1989년이었습니다.

이듬해, 소련이 붕괴되고 베를린 장벽이 무너지면서 '혁명'은 역사 속으로 사라지는 것 같았습니다. 하나둘, 올바른 사회 진출을 하겠다고 도서관으로 가기도 하고, 그런 선배들을 향해 껍데기는 가라며 학생회관을 지키는 후배들도 있었습니다. 이러지도 저러지도 못한 나는 졸업 논문을 쓴다고 학과 사무실을 들락거리며 타자기 사용법을 어깨너머로 배웠습니다. 겨우 타자기 사용법을 익힐 때쯤, 마이크로소프트사에서 윈도우 3.1을 출시했습니다. 컴퓨터의 대중화가 시작되어 타자기는 구시대 유물이 됐습니다. 너도나도 컴퓨터 공부를 시작했습니다. 지구가 종말할 것이라던 1999년에는 세기말적 기운이 팽배하기는 했지만, 지구는 여전히 돌고 있었습니다.

21세기에 들어서면서 속도는 더 빨라졌습니다. 클릭 하나면 전 세계와 연결되는 세상이 펼쳐졌습니다. 2014년 인공지능 로봇과 사랑에 빠진 남자의 이야기를 다룬 영화 〈그녀Her〉를 보면서 어쩌면 그런 세상이 올지도 모른다는 생각을 했는데 영화의 시간적 배경인 2025년인 올해 1월, 휴머노이드 '아리아'가 첫선을 보였습니다. 상상이 현실이 되는 세상은 설레기도 하지만 공포스럽기도 합니다. 세상이 우리가 예측한 대로만 가지 않는다는 것을 알기 때문입니다. 기술은 눈부신 속도로 발전하는데 방향의 키를 잡은 인간의 정신이 함께 깊어지지 못할 때 어떤 일이 벌어지는지를 지난 몇 달간 목도했습니다. 역사 속으로 사라진 것 같았던 혁명은 '촛불혁명'으로, '빛의 혁명'으로 이어졌습니다. 전환은 단번에 일어나는 게 아니라 서서히 응축된 힘의 발현일 때 비로소 가능하다는 것을 깨달았습니다.

아크 9호 『품격』은 필진들이 비상계엄 상황을 염두에 두고 쓴 글은 아니었습니다. 책이 나오자 주제인 '품격'과 시대적 상황이 자연스럽게 맞아떨어진다는 이야기를 많이 들었습니다. 편집위원 회의에서는 아크가 특정한 사회적 상황을 직접적으로 언급하지 않더라도 자연스럽게 시대의 흐름과 문제의식을 담아낼 수 있는 잡지가 되어야 한다고 의견을 모았습니다. 한국 정치뿐 아니라 우리가 맞이하는 시대적 상황을 논의하며 10호 주제는 '전환'으로 정했습니다. 시대적이든, 개인적이든 전환이 필요하다는 생각에 모두 공감했습니다. 10호를 맞이한 아크가 새로운 출발을 했으면 하는 바람도 함께 담았습니다. 그래서 특집을 따로 두지 않던 기존의 틀을 깨고 발행인 인터뷰, 동시대 어른의 글과 해외 석학의 글 등, 3편을 10호 발간 특집으로 엮었습니다.

「인문학 생태계 정착을 위한 인문 플랫폼 아크」장은수는 아크 발간인 인터뷰입니다. 상지건축 허동윤 회장이 상지인문학아카데미를 만들고 인문 무크지 아크를 발간하게 된 마음을 엿볼 수 있습니다.

「전환, Beyond Dream」고도원은 아침편지 문화재단의 고도원 이사장과의 인터뷰를 고도원 이사장 시점으로 정리한 글입니다. 고도원 이사장은 '고도원의 아침편지'를 통해 대중지성을 넓히기 위한 실천을 누구보다 먼저 하신 분입니다. 역사의 전환점에서 희망을 건지는 인문학과 전환의 시대, 새로운 출발에 대한 그의 이야기는 시대를 먼저 산 어른의 소중한 지혜입니다.

「하드파워와 소프트파워를 넘어서: 함포 외교에서 엔지니어링 외교로, 왜 지금인가?」나지메딘 메시카티, 이도경는 그동안 지구촌을 하나의 공동체로 엮어주던 혁신적인 기술들이 협력의 매개체가 아닌 불신과 분열을 조장하는 도구로 전락할 때, 복잡한 기술 시스템들이 국경을 마음대로 넘나들며 통제 없이 가동될 때 필연적으로 발생하게 될 재앙적인 시스템 실패를 어떻게 예방할 것인가에 대한 대안을 제시하고 있습니다. 나지메딘USC 교수는 원자력 및 항공 안전문화 분야에서 세계 최고의 학자로 평가받고 있습니다. 번역은 그와 함께 원고 작업을 한 이도경USC이 해주었습니다.

「일생에 단 한 번쯤 사랑하세요. 뜨겁게, 애틋하게」장현정에서 전환은 관념이 아니라 실제 세계에서 몸을 움직여 지금까지의 삶 전체를 통으로 바꾸는 것이라고 합니다. 세상에서 유일하게 변하지 않는 것이 있다면 그것은 모든 것이 변한다는 사실뿐이고 어떻게 변해야 할지, 무엇을 꿈꿔야 할지 생각해 보니 '사랑'이라고 말합니다.

「반년, 12월 3일부터 6월 3일까지: 어두움과 '전환'의 희망과」천정환는 지난해 12월 3일 비상계엄을 선포한 밤부터 대통령 선거 결과를 발표한 6월 4일까지 시민의 한 사람이자, 대학에서 현대 문화정치사를 연구하고 가르치는 사람이 목격한 한국 사회의 어둠과 희망을 담았습니다. 그는 이름 없고 목소리 없는 소수자들의 목소리 안에 전환으로 가는 힌트가 있다고 합니다.

「욕망이 진실을 대체하는 시대, 예술은 무엇을 할 수 있는가?」김종기에서는 트럼프의 등장 이후, 노골적으로 진실보다 감정과 욕망이 우선시 되는 시대가 도래했다고 합니다. 이는 신자유주의 세계화의 균열이며 단순한 정치적 위기가 아닌 진실과 감각의 해체라는 문명적 전환입니다. 이러한 세계에서 예술은 무엇을 할 수 있는지, 예술의 역할에 대한 이야기를 풀어내고 있습니다.

「인상파와 그림의 전환」이성철은 현대 미술사에서 가장 큰 영향을 끼친 인상주의가 가져온 전환에 대한 이야기를, 「전환의 미학: 감성과 언어의 경우」심상교는 인간을 새롭게 인식하게 된 전환의 시기를 조선 후기의 회화, 문학, 공연예술로 살펴봅니다.

「레볼루션-혁명, 대전환의 시대」유인권는 21세기인 현재, 지구가 편평하다고 믿는 사람들이 가진 음모론에 대한 이야기를 들려주며 섣부른 일반화와 확신에 사로잡히는 것이 얼마나 위험한지를 물리학자의 시선으로 이야기합니다. 「말이 통하는 도구들의 시대-우리가 대화를 나눈다는 것은」한지윤의 필자는 대학에서 국문학을 전공하고 대학원에서 전산언어학을 전공한 후 AI를 만드는 일을 합니다. 그는 AI를 이해하는 일은 결국 인간을 이해하는 일이라며 AI가 이끌어가는 것처럼 보이는 이 전환을 이해하는 것이 결국 우리 사회의 문제를 이해하는 일이 될 것이라고 합니다.

「전환의 시대에 그림자를 돌아보며」조재휘는 오늘날 한국 영화 산업 전반이 겪고 있는 불황에 대한 진단을 통해 전환의 시기에 진정으로 필요한 건 '기술에는 도덕을 판단할 눈이 없고 가슴이 없다. 그렇기에 지금 우리에게 절실한 건 아이러니하게도 숫자의 마력을 맹신하지 않고, 계산으로 판단을 대신할 수 있다고 믿지 않으며, 정확성을 진리의 동의어로 생각하지 않고 과학과 기술의 대칭점에 있는 서사와 성장 그리고 사랑으로 무장한 사람과 문화적 낭만주의인지 모른다'고 합니다.

「일본 지성사의 엔진, 번역이라는 전환의 기술」류영진은 메이지 유신기의 번역 실험부터 전후 일본의 번역어와의 싸움, 그리고 지금 생성형 AI 시대에 이르기까지. 일본의 번역사는 단순한 지식의 수입을 넘어, 사유의 형성과 선택의 정치로 작동해왔다며 그 역사의 길에서, 번역이라는 행위가 어떻게 전환을 만들어 냈는지를 곱씹으며 지금 당신이 쓰고 있는 말은 누구의 언어인지 묻습니다.

「'전환'과 해방 80년」전성현은 독립과 해방이라는 1945년의 시대적 과제는 해방 80년인 현재까지 여전히 미완이며 새로운 시대의 전환에 직면한 오늘날에도 여전히 이어질 수밖에 없다고 합니다. 기득권 세력의 지속과 그 신화는 지금까지 지속되고 있으며 오늘날 다층적으로 전개되고 있는 전환의 시기에 그 실체를 드러냈다고 합니다.

「전환轉換의 대가代價」차윤석에서는 우리 근대 건축은 강제적 문호 개방, 다양하고 이상하게 변화된 건축양식의 홍수로 시작됐다고 합니다. 이 혼란이 근대 건축으로 각인되고, 근대 건축 교육의 시작이었으며 지금까지 이어지고 있다고 합니다. 이 잘못된 대가를 치를 준비가 되어 있는지 필자는 우리에게 묻습니다.

「부산, 발상의 대전환이 필요한 지금」강동진에서는 2025년 현재, 도시 부산의 상황과 실태를 살펴보고 지금 부산이 가고 있는 방향이 옳은지, 새로운 실험과 대전환은 없는지에 대한 이야기를, 「한국문학의 생태적 전환을 위하여」고봉준에서는 우리는 현재 앎과 삶의 새로운 패러다임에 놓여있다며 개인적 시간과 지질학적 시간의 충돌이야말로 우리 시대의 문학이 경험하고 있는 생태학적 전환의 핵심이라고 합니다.

「『대등의 길』을 다시 꺼내 읽으며 전환을 궁리했다」조봉권는 예술론에만 머무르지 않고 세계관으로 확장한 조동일 박사의 '대등론'을 통해 발견한 '내 안의 대등'을 말하고, 「쓰기, 새로운 국면의 자기 정립을 위한 날숨을 위하여」정훈는 비평의 전환점에서 다른 국면을 마주하고 그로 인해 새로운 자신을 찾는 것, 그렇게 만나게 되는 세계가 하나씩 모여 그리움의 원천에 닿게 될 것이기에 차근차근 숨을 내쉰다고 합니다.

이렇게 '전환'을 화두로 한, 총 18편의 글은 시대적 서사와 개인의 일상과 내면에 흐르는 질문과 흔들림이 어떻게 변하는지를 다양한 시선으로 보여줍니다. 이번 호를 읽으며 역사는 반복되고, 숙명은 벗어날 수 없다는 이야기를 믿지 않기로 했습니다. 전환은 항상 현재진행형이었으니까요. 문제는 늘 방향이었습니다.

서로의 이야기를 듣고, 질문을 던지고, 다시 길을 찾는 그 과정이야말로 가장 소중한 시간입니다. 타인의 언어에 귀 기울이고 자신의 언어로 응답할 때 삶의 방향은 희망을 향해 갈 겁니다. 진짜의 변화는 가능성을 믿는 것으로부터 시작됩니다.

기술은 눈부신 속도로 발전하는데
방향의 키를 잡은 인간의 정신이
함께 깊어지지 못할 때
어떤 일이 벌어지는 지를
지난 몇 달간 목도했습니다.
우리가 서로의 이야기를 듣고,
질문을 던지고,
다시 길을 찾는 그 과정이야말로
가장 소중한 시간입니다.
타인의 언어에 귀 기울이고
자신의 언어로 응답할 때
삶의 방향은 희망을 향해 갈 겁니다.

| 허동윤 | 아크 10호 발간에 부쳐 | 006 |
| 고영란 | Editor's letter | 010 |

10호 특집

장은수	인문학 생태계 정착을 위한 인문 플랫폼 아크 – 발행인 인터뷰	024
고도원	전환, Beyond Dream	040
나지메딘 메시카티, 이도경	하드파워와 소프트파워를 넘어서: 함포 외교에서 엔지니어링 외교로, 왜 지금인가?	050
장현정	일생에 단 한 번쯤 사랑하세요. 뜨겁게, 애틋하게	070
천정환	반년, 12월 3일부터 6월 3일까지: 어두움과 '전환'의 희망과	082
김종기	욕망이 진실을 대체하는 시대, 예술은 무엇을 할 수 있는가?	098
이성철	인상파와 그림의 전환	116

심상교	전환의 미학: 감성과 언어의 경우	136
유인권	레볼루션 – 혁명, 대전환의 시대	150
한지윤	말이 통하는 도구들의 시대 – 우리가 대화를 나눈다는 것은	164
조재휘	전환의 시대에 그림자를 돌아보며	176
류영진	일본 지성사의 엔진, 번역이라는 전환의 기술	188
전성현	'전환'과 해방 80년	200
차윤석	전환의 대가	214
강동진	부산, 발상의 대전환이 필요한 지금	230
고봉준	한국문학의 생태적 전환을 위하여	248
조봉권	『대동의 길』을 다시 꺼내 읽으며 전환을 궁리했다	260
정 훈	쓰기, 새로운 국면의 자기 정립을 위한 날숨을 위하여	272

10호 특집

장은수
**인문학 생태계 정착을 위한 인문 플랫폼 아크
- 발행인 인터뷰**

고도원
전환, Beyond Dream

나지메딘 메시카티, 이도경
**하드파워와 소프트파워를 넘어서
: 함포 외교에서 엔지니어링 외교로,
왜 지금인가?**

장은수

편집문화실험실 대표, 읽기 중독자. 서울대 국어국문학과를 졸업했으며, 민음사에서 오랫동안 책을 만들고, 대표이사를 역임했다. 주로 읽기와 쓰기, 출판과 미디어 등에 대한 생각의 도구들을 개발하는 일을 한다. 『기억 전달자』, 『고릴라』를 옮겼으며 저서로 『출판의 미래』, 『같이 읽고 함께 살다』, 『읽다, 일하다, 사랑하다』 등이 있다.

인문학 생태계 정착을 위한
인문 플랫폼 아크
- 발행인 인터뷰

모든 장소엔 오랫동안 퇴적된 역사, 사람들의 누적된 기억이 깔려 있다. 자갈치는 피란의 삶이 빚어냈다. 전쟁의 폭풍우 속에서 어떻게든 살아남으려고 정든 고향을 떠나 낯선 항구까지 밀려든 사람들의 축축이 젖은 마음이 역설적으로 활기를 이룩했다. 자갈치가 있는 남포동은 강인하고 끈질긴 사람들의 도시다. 이곳에서 억척은 살아 있음의 강력한 증거요, 존재를 증명한 이들이 얻는 훈장이다.

더욱이 좋은 삶엔 넘치는 생기가 꼭 필요하다. 일찍이 스피노자는 살아 있음을 '각각의 실재가 자기 존재 안에서 존속하려고 추구하는 노력'으로 정의했다. 인간은 계속해서 존재하려고 노력하는 한 살아 있고, 자의든 타의든 어느 날 그 애씀이 그치면

영원한 잠에 빠진다. 아직 분투할 게 있다는 것만으로도 사람은 얼마든지 기뻐할 수 있다.

　시장의 무한한 역동성, 눈부신 활력, 생생한 활기는 종일 사무실에 붙박여 나무토막처럼 살아가던, 아니 죽어가던 '의자 생활자'들의 마음을 뿌리까지 뒤흔든다. 재난의 세상에서 억척이 이룩하는 원초적 생기에 홀리지 않을 현대인이 대체 어디 있단 말인가. 조금이라도 그 기운을 받으려 사람들은 기쁨에 찬 얼굴로 여기저기 기웃댄다. 생선 사고, 회 뜨고, 조개 익힐 때, 사람들이 실제로 먹는 건 한껏 활력을 뿜어내는 생명의 기운이리라.

　인문 무크지 『아크』를 펴내는 상지건축은 시장 한복판 신동아빌딩 5층에 있다. 『아크』는 부산에서 나오는 유일한 인문 교양 잡지다. 비슷한 잡지로 인디고서원에서 발행하는 청소년 인문 잡지 『인디고잉』이 있을 뿐이다. 『아크』는 2020년 코로나19 팬데믹 와중에 창간되어, 어느새 10호를 발행했다. 상지건축은 부산을 대표하는 건축사사무소다. 건축물을 설계하고 감리하는 일을 주로 하는데, 그 규모가 삼남三南 지역에서 가장 크다. 구덕전통문화체험관, 부산영화체험박물관, UN평화기념관, 금샘도서관 등 시민들이 사랑하는 건축물들이 이 회사 작품이다. 그러나 인문학에 대한 지극한 애정 없이는, 한 지역 건축회사가 지난 10년간 꾸준히 인문학 아카데미를 운영하고 인문 무크지를 발행하는 등, 대기업조차 쉽게 하지 못할 일을 감히 해내기는 어려웠을 것이다. 그 이유가 궁금해 허동윤 상지건축 회장을 만났다.

사실, 한국에서 건축과 인문의 결합은 낯설다. 근대 이후 한국 건축은 철저히 공학적 사고의 산물로, 경제적 합리성과 기계적 효율성의 결합이다. 작품은 드물고, 제품은 널려 있다. 건설 비용과 법의 허용 한계 안에서 최대한 넓게, 높게, 싸게 짓는 걸 반복했다. 그 탓에 네모반듯하고 비슷비슷한 건물들이 온 도시에 가득하다. 마치 공장에서 나온 복제품 같다. 이런 틀에 박힌 건축을 넘어서려면 인간과 세상을 보는 깊이 있는 생각이 필요하다. 허 회장이 건축 일을 시작한 건 1975년 공고 건축과에 입학하면서부터다. 어떤 일이든 한 분야에서 50년을 일하면, 인생

을 압축한 소명이 움트게 마련이다. 그 이야기를 꺼내면서부터 다소 주저하던 목소리가 불현듯 웅장해진다.

"제가 상지에 입사했을 때가 서른두 살이었습니다. 막 건축사 시험에 붙었을 때였어요. 두세 해 일하다 나가서 사무실을 차리려 했는데, 김동회 명예회장님의 '거름론'과 '멍석론'에 넘어갔습니다. "너와 나는 건축가가 되려 하지 말자. 좋은 나무를 키우려면 거름이 좋아야 한다. 우리는 좋은 나무를 키우기 위한 거름, 그냥 거름이 아니라 밑거름이 되어야 한다. 그래서 좋은 건축가를 키우고 그 후배들이 그 위에서 맘껏 건축의 꿈을 펼칠 수 있도록 멍석을 깔자."는 말에 좋은 후배 건축가를 키우는 일도 의미 있다는 생각이 들었습니다. 직접 창작하는 건축가도 있고, 가르치는 건축가도 있어요. 건축가로서 제 소명은 창조적 건축가를 길러내는 일이라고 느낍니다. 그래서 좋은 후배 건축가가 나오게 북돋우려면 어떡해야 할까를 늘 생각합니다. 인문학아카데미를 하고, 인문잡지를 내고 싶다는 마음의 뿌리가 거기 있습니다."

그래서인지 상지건축에 방문할 때마다 도서관이 먼저 눈에 띈다. 사무실 두 칸 크기 규모지만, 내실은 알차다. 인문, 예술, 건축 관련 양서들이 빼곡하다. 새로운 건물을 기획하고 설계하는 직원들이 언제든 들어와 생각을 충전할 수 있게 열려 있다. 이런 아늑한 사유 공간은 경영진의 의지 없이 유지되기 힘들다.

인터넷에 접속하면 무한한 정보를 접할 수 있는 세상이 아닌가. 한국에서 사내 도서관이 있는 회사는 5%도 안 된다.

"제가 책을 참 좋아해요. 틈내서 읽는 것도 좋아하지만, 그보다 사 모으기를 더 좋아합니다. 책 수집이 취미죠. 예전에 시장 근처에 서점이 있었을 때는 점심 먹고 무작정 들러서 책을 사 들고 오곤 했어요." 본래 책은 읽으려고 사는 게 아니라, 사서 책장에 꽂아둔 책 중에서 눈에 띄는 걸 읽는 것이다. '국민 독서 실태 조사'에 따르면, 사내 도서관이 있을 때 직원 독서율은 거의 두 배가량 늘어난다. 차례와 서문을 읽고, 내용을 훑으며 몇 구절을 간직하는 것만으로도 크게 생각을 자극한다. 세상을 넓게 보고 깊이 생각하는 직원을 기르려면, 사내 도서관은 필수 시설이다.

상지건축은 사내 인문 강의도 열고, 문예 백일장도 개최하고, 정기적으로 지역사회에 봉사활동도 행한다. 직원들은 이런 활동들에 참여해서 한 해 40학점을 이수해야 한다. 돈은 많이 들고 효과는 아주 늦게 나타나며, 바쁜 직원들 시간을 뺏는 일이다. 그러나 허 회장은 인문적 깊이를 갖춘 건축가를 길러내려면 꼭 해야 할 일이라고 생각한다.

"제가 열일곱 살 때 부산공고 건축과에 입학하면서 건축 관련 일을 시작했으니, 올해 딱 50년이 되었습니다. 기술을 익혀 빨리 취업해야겠다고 입학했는데, 막상 실습을 하니 너무 힘들고 거칠어 제 기질과 안 맞았어요. 건축 공부를 더 해야겠다고 생각해 입시를 보고 대학 건축학과에 들어갔습니다. 하지만 고등학교 때 벽돌도 쌓고 목공도 했던 경험이 평생 제 건축을 지탱하는 뼈대가 되었어요. 건축은 상상하고 꿈꾸는 걸 실체화하는 일임을 깨달은 거죠."

건축은 물리적 공간을 인간적 장소로 만든다. 화가가 종이나 천, 쇠나 돌에 상상력을 불어넣어 예술품으로 바꾸듯, 건축물은 물리적 공간과 인간의 삶을 연결하는 건축가의 상상력 위에서 태어난다. 하지만 보이지 않는 것과 보이는 것을 이어서 실현할 힘이 없으면, 건물은 똑바로 설 수 없다. 건축물에서 이어주고 연결하는 힘을 상징하는 구조물이 '아치arch'이다. 문이나 벽에 아치형 구조물을 놓아 지탱하면, 건물은 단단하고 튼튼해진다. 아치 없는 건물은 비좁고 답답하다. 일정 규모 이상 공간을 넓히려면, 기둥을 줄줄이 세울 수밖에 없다.

허 회장 말에 따르면, 건축에서 아치는 기본 구조물이지만, 거기엔 "공간을 넓고 깊게 만드는" 힘이 있다. 줄줄이 늘어선 기둥 없이 탁 트인 공간을 바라는 인간의 갈망을 구현한 게 아치이다. "잡지 제목 아크arch-는 세상의 모든 것의 근원이자 으뜸이라는 뜻입니다. 인문이란 아크, 즉 이 시대와 사회의 이면에 있는 근원적인 것아크을 생각하는 힘이죠. 건축은 아치를 통해 눈에 보이지 않는 아크를 현실과 이어줍니다. 아크를 생각지 않으면, 똑같은 설계, 복제품 같은 건축만 반복할 뿐, 사람들의 마음을 움직이는 창조적 건축물을 지을 수 없습니다." 건축물의 아치는 잡지 제목 아크arch-와 철자가 같다. 건축회사에서 만드는 인문 잡지 제목으로 제격이다.

　인터뷰에서 허 회장은 "건축은 예술이고, 인문학은 건축의 필수조건"이라고 거듭해 말했다. 이 잡지 이전에 상지인문학아카데미가 먼저 있었다. 상지인문학아카데미는 부산 지역 시민 인문 강좌의 상징으로, 전국적으로 성공적인 인문 실천 사례로 주목받고 있다. 이 아카데미가 처음 시작된 건 2015년이다. 그 출발은 허 회장과 상지건축 창업자인 김동회 회장과 주고받던 우연한 대화였다.

　"김동회 회장님이 경영 일선에서 한 발 떼시면서, 저녁에 아카데미 같은 곳을 많이 다니셨어요. 그런데 늘 너무 아깝다, 이런 좋은 강의는 건축하는 후배들이 많이 들었으면 좋겠다고 하셨어요. 제게도 늘 나보단 네가 가야 하는데 하고 말씀하셨고요. 저도 진짜 듣고 싶었거든요. 그러다가 차라리 우리 직원 대상으로 인문학아카데미를 직접 만들자고 하시더라고요. 저는 좋다고 했습니다. 상지인문학아카데미는 그렇게 시작한 거예요."

　상지인문학아카데미는 이렇게 직원 대상으로 시작한 강의를 지역민들한테 개방하면서 시작했다. 참여 시민들이 많든 적든 꾸준히 운영하면서 부산 인문학을 대표하는 프로그램으로 자리

잡았다. 지역 언론에도 소개되면서 메세나의 대명사가 되었다. 5년 동안 꾸준히 운영하던 아카데미가 위기를 맞은 것은 코로나19 팬데믹 때이다. 감염 확산을 막고자 '사회적 거리두기'를 실시하는 바람에 강의를 열지 못하게 된 것이다. 그 대안을 마련한 것이 인문 무크지 『아크』다. 아카데미에서 하던 인문 강연을 글로 옮겨 전하는 주제별 잡지를 창간한 것이다.

건축회사와 인문 잡지의 결합은 너무나 파격이어서 주변 반대도 많았지만, "건축적 사고의 바탕에 인문학적 사고가 있다"라는 믿음 아래 2020년 '휴먼'을 주제로 첫 호를 냈다. "어떻게 살 것인가, 잘 살고 있는가, 내가 속한 공동체가 아름답고 정의롭고 바람직한가에 대한 이야기"를 담았다. 여기엔 대학 시절 이래, 허 회장의 오랜 꿈이 담겨 있다.

"밖에서 가끔 사람들이 격려해 줍니다. '상지건축, 들어봤죠. 인문학아카데미도 하고, 인문 잡지도 내는 곳이요. 참 대단해요.' 우연히 이런 말을 들으면, 무척 기분 좋고, 뿌듯한 보람이 느껴집니다. 사실, 나도 언젠가는 잡지를 내고 싶다는 생각을 대학 때부터 해왔어요. 제가 공간건축의 김수근 선생님을 매우 존경합니다. 저는 이분이 건축을 예술로 만들려고 애쓴 분으로 기억합니다."

당시만 해도 '건축'보다 '건설'이라는 말이 더 익숙할 때다. '건설 입국'이라는 구호 아래 정부가 근대화를 밀어붙이면서 나라 전체에 개발 광풍이 불어닥쳤다. 적당한 곳에 땅을 사두기만 하면 값이 오르고, 짓기만 하면 건물이 팔리던 시절이었다. 허 회장은 말을 이었다.

"김수근 선생님은 건축이 곧 건설이 아니란 걸 몸소 보여주셨어요.『공간』잡지를 만들어 국내외 건축물을 소개하고, 건축 이론과 비평도 실었죠. 그런데『공간』은 건축 전문 잡지보다 종합 예술지를 지향했어요. 문학, 음악, 미술, 사진, 공연을 다 다루었습니다. 이런 걸 알아야 좋은 건축가가 된다는 걸 알려준 거죠. 하지만 어린 마음에 전 건축 정보가 많이 실렸으면 하고 바랐습니다. 당시엔 사진이나 도면 구하기가 어려웠잖아요. 그런데 몇 년간 꾸준히 읽다 보니, 어느 날 다른 게 보이기 시작했습니다. 건축을 예술로 볼 줄 알게 된 겁니다. 언젠가 나도 김수근 선생님 같은 일을 하고 싶다고 생각하곤 했습니다. '그 시절에 하고 싶었던 일을 지금 다른 식으로 하고 있구나' 하고 생각하고 있습니다."

인문이나 예술은 느리다. 한 모금의 물은 순간의 갈증만 식힐 수 있으나, 깊은 강은 천천히 흐르는 듯 보여도 먼바다까지 배들을 실어 나른다. 한 세대를 가는 건물은 좋은 재료에, 공학적 기술만 있으면 지을 수 있다. 그러나 몇백 년 가는 건물은 인문적 사유나 예술적 상상력 없이는 짓기 힘들다. 튼튼히 지어 혹여 외형이 멀쩡하더라도, 이야기 없는 건물, 예술 아닌 건물은 기술이 변화하고 사람들 취향이 달라지면 곧장 허물어 버린다. 인생과 자연에 대한 깊은 통찰이 담긴 건물만이 시간의 압력을 견디는 작품이 된다. '작품 짓는 건축가'는 저절로 탄생하지 않는다.

"재러드 다이아몬드의 『총, 균, 쇠』를 읽고 상당히 감동했습니다. 이 책을 보면, 사람은 타고난 우열이 있는 게 아니라, 어떤 환경에서 태어났는지가 중요하다고 이야기합니다. 회사도 마찬가지예요. 입사할 때부터 문화적 소양이나 예술적 감각을 갖추고 입사하는 직원들이 얼마나 되겠습니까. 하지만 회사 분위기가 어떠냐에 따라서 문화에도 눈을 뜨고, 인문적 깊이도 갖추어 멋진 건축가로 성장할 수 있습니다. 저는 그런 장을 제공하는 회사, 인문과 예술의 기풍이 넘쳐나는 회사를 만들고 싶습니다."

어찌 보면 이런 게 진짜 야심일 것이다. 인문과 예술이 건축물을 작품으로 만든다면, 건축회사도 하나의 작품으로 거듭날 수 있지 않을까. 허 회장이 차분히 말을 이어갔다. 책을 모으기만 하고, 읽지는 않는다고 한 건 분명 겸양의 표현일 것이다. 이야기 갈피갈피 독서 이력이 배어 있다.

"청년 시절에 앨빈 토플러의 『제3의 물결』을 읽었습니다. 이 책에 건축 이야기가 두세 쪽 나옵니다. 워낙 인상 깊어서 지금도 기억합니다. 대충 이런 내용입니다. '요즘엔 감동적인 건축물이 드물다. 산업화 탓이다. 재료 등이 표준화되고 규격화되면서 틀에 박힌 건물만 자꾸 생산된다. 또 직업이 분화하면서, 건축하는 이들은 오로지 건축만 생각하게 되었다. 건축 전문가와 건축가는 다르다. 건축가는 건물이 아니라 다른 것도 함께 보는 사람이다. 예전에 성당 건물은 신부가 설계하고, 마을 사람들이 와서 정성을 기울여 혼을 담아 만들었다. 그들은 건물을 올린 게 아니라 신앙을 쌓아 올렸다. 정신이 깃들고 영혼이 머무는 건물만이 감동을 준다.' 제가 건설과 건축이 다르다고 생각하는 이유입니다. 건물과 인간의 관계를 생각하는 사람만이 건설이 아니라 건축을 할 수 있습니다."

　이처럼 책은 허 회장의 정신적 뿌리를 이룬다. 고등학교 때 밤새워 책을 읽다가 학교에 지각한 적도 있다. 도스토옙스키의 『죄와 벌』이나 『카라마조프가의 형제들』을 특히 좋아했다. 읽고 나서 친구들하고 '인간 본성은 무엇인가, 무엇을 추구하고 어떻게 살아야 하는가' 같은 질문을 던지면서 토론하기도 했고, 군대에 다녀와 다시 읽기도 했다.

　요즘엔 바쁘기도 하고, 눈도 침침해 예전만큼 자주 책을 읽지는 못한다. 그래도 여러 책을 사무실에 두고, 틈날 때마다 들추어 본다. 모든 책을 통독할 필요는 없다. 처음부터 끝까지 다 읽으면 좋지만, 때로는 가볍게 넘기다가 영감을 주는 한두 구절을 읽는 것으로 충분하다. 신간을 꾸준히 사서 쟁여 두고, 우연히 넘기다 눈에 띄는 구절이 있으면, 그 전후로 몇 쪽 읽는 것만으로 사고는 풍부해지고 생각은 깊어진다.

예술가들, 학자들, 문인들을 초대해 이런저런 대화를 나누는 것도 사고 훈련에 참 좋다. 직장인들은 눈앞의 현실을 단단히 챙기느라 몸과 마음이 무거워 습관적 사고를 벗어나기 힘들다. 그러나 지식인들은 몽상하고 상상하는 일을 주로 하기에 아주 멀리까지 생각을 실어 나르고, 전혀 엉뚱한 곳에서 새로운 길을 발견하기도 한다.

프랑스 철학자 질 들뢰즈는 말했다. "창조자는 벽을 더듬고, 거기에 머리를 부딪쳐 가면서 무언가를 찾아내는 사람이다." 익숙한 생각에서 벗어나 일부러 헤매고, 벽에 부닥쳐 피 흘리면서 고투하고, 그러다가 지금껏 없던 생각을 떠올리고, 유레카를 외치곤 한다. 이런 이들을 만나 이야기하다 한 줄기 아이디어를 얻는 것만으로도 사업은 돌파구를 얻는다. 허 회장이 누구보다 열렬히 상지인문학아카데미 강의를 듣고, 틈내서 『아크』의 글을 챙겨 읽는 이유다. 강의 있는 날은 일부러 약속을 피해 잡기도 한다. 『아크』 6호를 출간한 후엔 편집위원들, 필자들, 지역 인문학자들 30명 정도를 초대해서 네트워크 파티를 열기도 했다. 허 회장은 말했다.

"저는 『아크』가 한 주제를 놓고, 여러 사람이 다양한 시선으로 이야기해 주는 게 참 좋습니다. 읽다 보면, 하나를 이렇게 다르게, 또 깊고 멀리 생각할 수 있구나 싶어 감탄하게 됩니다. 저 역시 생각을 달리해 가면서 많은 자극을 받습니다. 건축을 생각하거나 사물을 바라볼 때도 저절로 다채롭게 따져보게 되고요. 게다가 가만 생각해 보면, 모두 시의적절한 주제들이기도 합니다. 사회 전체에 불안이 넘쳐날 때는 용기를 주제로 던져주고, 지도층 처신이 문제 될 때는 품격 같은 걸 생각거리로 내밀고…… 바람이 하나 있다면 주제는 어렵고 추상적이어도 괜찮은데, 시민들 누구나 읽을 수 있도록 평이하면서도 깊은 생각이 담긴 글이 꾸준히 실렸으면 좋겠습니다."

지역 건축사사무소가 적자일 게 뻔한 인문 잡지를 꾸준히 내는 게 쉬운 일은 아니다. 들어가는 돈은 꾸준한데, 나오는 건 눈에 보이지 않는다. 밑거름을 주듯 오래도록 발행하면 뿌리가 튼튼해져 거대한 나무로 자라날 것을 믿지만, 때로는 강물에 돈을 흘려보내는 듯한 기분도 든다.

"근래 고도원 선생님 강의를 들은 적이 있습니다. 선생님이 예전에 『뿌리깊은 나무』에 근무하셨대요. 1980년 신군부가 잡지를 강제 폐간하기 전에 한창기 선생님한테 돈 안 되는 잡지를 왜 계속하느냐고 물으니까 이렇게 답하셨답니다. '자신이 꿈꿔왔던 가치 있는 일이라면 돈을 낙엽처럼 태울 줄 알아야 한다.' 듣는 순간, 가슴이 찡하고 울렸습니다. 건축회사가 인문 잡지를 오래 내는 게 쉬운 일은 아니지만, 돌아와서 아내한테 이야기했습니다. '나도 낙엽처럼 돈을 태우고 싶다'고요."

때때로 선후배들이 "참 훌륭한 일을 한다", "네가 부산 인문

문화의 자존심을 세우고 있다"고 격려해주거나, 지인이나 지역 인문학자들이 "글을 실어보고 싶다"고 말할 때면, 뿌듯한 보람이 든다. 허 회장은 껄껄 웃으며 말했다. "이럴 때 무척 기분 좋죠. 낙엽처럼 태우길 참 잘했네, 하는 생각이 듭니다. 그래서 계속, 계속 더 태우려고 합니다. 인문학 열풍이 불고, 인문 네트워크가 생겨나고, 생태계가 정착할 때까지 한번 해볼 생각입니다."

어느새 밤이 깊었다. 밖으로 나오니 가는 비가 스르르 내린다. 컴컴한 바다가 바람에 은은히 소금기를 실어서 보낸다. 일찍이 조선 말 유학자 유인석은 "눈으로 바다를 바라보면, 단지 눈이 미치는 곳만 보이고, 마음으로 바다를 바라보면, 헤아리지 못하는 곳까지 이른다네" 하고 노래했다. 세상엔 마음으로 살필 때만 감각할 수 있는 게 있다. 보이지 않는 걸 보고, 들리지 않는 걸 들을 수 있을 때, 삶은 비로소 깊이를 얻는다. 무엇도 보이지 않기에, 바다는 아직 세계가 그 신비를 다 드러내 보이지 않았음을 알려준다.

자갈치시장 거리는 여전히 떠들썩, 활력이 넘실댄다. 『아크』는 그 넘치는 생명력, 퇴적된 삶의 흔적을 인문의 바람에 실어 온 세상에 퍼뜨린다. 자연의 넉넉한 신비와 인간의 역동적 활기가 사유의 깊이를 얻을 때 비로소 문화가 건축된다. 여기, 상지가 그 단단한 터전이 되고 있다.

아크arch-는 세상의 모든 것의
근원이자 으뜸이라는 뜻입니다.
인문이란 아크, 즉 이 시대와 사회의
이면에 있는 근원적인 것아크을
생각하는 힘이죠.
인문학 열풍이 불고, 인문 네트워크가
생겨나고, 생태계가 정착할 때까지
한번 해볼 생각입니다.

고도원

목회자가 꿈이었다. 연세대학교 신학과 재학 때 교지 『연세춘추』 편집장을 했다. 그때 쓴 칼럼 「십계명」으로 인해 긴급조치 9호로 제적됐다. 목회자의 길은 막혔고 강제징집을 당했다. 제대 후, 포장마차, 웨딩드레스 가게 등을 하다 잡지 『뿌리깊은 나무』에 입사했다. 『뿌리깊은 나무』가 전두환 정권에 의해 폐간된 후, 《중앙일보》 기자를 거쳐 고 김대중 대통령 청와대 연설비서관을 지냈고 현재 아침편지 문화재단 이사장으로 25년째 '고도원의 아침편지'를 구독자들에게 보내고 있다.

전환,
Beyond Dream

『아크』의 이번 호 주제인 '전환'이라는 화두가 운명처럼 시대의 메시지로 들려왔다.

전환은 역사적, 시대적인 것도 있고 한 인간의 내면적인 것도 있다. 한 시대를 보내고 새로운 시대의 문을 여는 일이며, 한 사람의 삶이 고난과 절망을 지나 꿈을 꾸는 과정으로 옮겨가는 과정이다. 방향이나 상태를 단순히 바꾸는 일이 아니다. 그것은 세계관의 변화, 가치관의 재정립, 그리고 삶의 목적과 방식 자체의 근본적 변화를 의미한다. 전환에 어떻게 대응하느냐에 따라 방향은 달라진다.

인류는 늘 전환의 문턱에서 새로운 사유와 실천을 통해 문명을 진화시켜왔다. 농업혁명, 산업혁명, 정보혁명, 그리고 지금의 인공지능 혁명까지, 인류의 역사는 전환의 연속이었다. 이 모든 전환은 고난과 혼란, 그리고 새로운 각성의 과정을 동반했다. 한국 현대사 역시 예외가 아니다. 일제강점기, 해방과 분단, 전쟁, 산업화, 민주화, 정보화, 그리고 촛불혁명과 빛의 혁명, 팬데믹과 AI 시대에 이르기까지 우리는 수많은 전환의 파도를 건너왔다.

역사의 거대한 흐름은 늘 변화의 연속이었지만, 지금 우리가 맞닥뜨린 전환은 그 어느 때보다 복합적이고 총체적이다. 기술, 정치, 경제, 문화, 그리고 인간의 내면에 이르기까지, 모든 영역이 동시에 흔들리고 있다. 이 거대한 변화의 물결 속에서 우리는 무엇을 붙들고, 어디로 나아가야 하는가. 이 질문은 개인을 포함한 우리 모두의 공동 운명에 관한 질문이다.

역사의 전환점에서

인터뷰를 하는 지금 2025년 4월 16일은 대통령 선거 이전이지만 이 책이 나올 때면 이미 새로운 대통령이 선출됐을 거다. 2024년 12월 3일 비상계엄 선포, 2025년 4월 4일 대통령 탄핵 파면, 그리고 6월 3일 대통령 선거, 이 세 점은 대한민국 역사의 엄청난 전환점이다. 이번에 우리가 경험한 이 사건은 언어든, 상식이든, 법이든 모든 걸 다 무시하고 역사의 최저점까지 떨어뜨린 최악의 사건이었다.

　전환의 순간마다 사회는 두 방향으로 나뉜다. 하나는 과거에 집착하며 변화를 거부하는 길, 다른 하나는 고난을 딛고 새로운 질서와 가치를 모색하는 길이다. 고난은 우리를 무너뜨릴 수도 있지만, 동시에 각성과 성숙의 계기가 된다. 전환의 본질은 '고난'에 있다. 함석헌 선생은 "한국 역사의 고난에는 뜻이 있다"고 했다. 고난의 끝에서 우리는 무엇을 배우고, 어떤 새로운 언어와 질서를 만들어낼 것인가.

　전환이 성공하려면 무엇보다 집단지성이 작동해야 한다. 한국 사회는 여러 번 집단지성의 힘을 보여주었다. 헌법재판소의 판결, 대통령 탄핵, 그리고 새로운 지도자의 선출까지, 우리는 스스로를 거울 삼아 선택하고 응답해왔다. 이 과정에서 중요한 것이 리더십이다. 역사의 전환점에는 언제나 새로운 리더십이 등장했다. 박정희 대통령의 산업화, 김대중 대통령의 정보화와 문화 개방, 그리고 민주주의의 진전. 이 두 전 대통령의 리더십이 결합된 새로운 지도자가 등장할 때, 사회는 저점에서 고점으로 도약할 수 있다.

　리더십의 핵심은 '언어'와 '비전'이다. 지도자의 언어는 준비되어야 하고, 상식적이어야 하며, 역사의 비전을 품어야 한다. 준비되지 않은 언어, 저속하고 일관성 없는 언어, 거짓이 반복되는 언어는 사회를 혼란에 빠뜨린다. 지도자의 언어에 거짓이 들어가면, 그것은 많은 것을 깨뜨린다. 거짓이 드러나면 바로 수정하고 바로잡아야 한다. 이것이 지도자의 언어 관리이며, 품격이다. 그다음 목표와 비전을 어떻게 풀어내느냐, 하는 실사구시의 정신이다.

전환의 나침반인 인문학

전환기마다 공통의 패턴이 있다. 스스로든 외부적인 힘이든 뭔가 응축된 힘의 결과가 나타나는 것이다. 지금 세계는 또 한 번 거대한 전환의 문턱에 서 있다. 전 세계가 극단으로 치닫고 극우화되는 것도 그만한 뜻이 있다고 생각한다. 이런 현상이 영속적으로 가지는 못한다. 한 번은 걷어질 것이고 걷어지는 과정에서 어느 것은 매우 불행해질 것이고 초토화될 것이다. 긴 역사에서 보면 그것은 있을 수밖에 없는 일이다. 자국의 이익이나 개인의 이익을 위해서는 상식을 초월하는 일이 벌어지고 또 그것을 용인하는 사회에서 상식, 윤리, 도덕, 심지어는 종교조차 왜곡되고 있다. 이렇게 요동치는 파도 속에서 우리가 중심을 잡고 가느냐 그렇지 못하느냐는 시대정신에 달려 있다.

앞서 말했듯이 준비되어 있지 않고 어제 한 말과 오늘 한 말이 다르고 누가 봐도 거짓인 것을 확신하는 것은 지도자의 언어가 아니다. 확신은 통합을 방해하고 포용을 용납하지 않는다. 말과 글을 고양시키기 위해서는 내 안에 저장된 언어가 많아야 한다. 언어의 자양분은 두 가지에서 온다. 하나는 고난의 경험, 다른 하나는 독서다. 고난은 삶을 무너뜨리기도 하지만 고난을 딛고 일어선 언어와 생각은 더욱 깊고 단단해진다. 절망의 끝에서 희망을 붙들면서 언어는 고양되고 삶은 숙성된다. 시도, 소설도 그렇게 탄생한다. 의심하고 질문하고, 그 안에서 시대를 읽어내는 힘, 그것이 인문학이 가진 가장 큰 강점이다.

대한민국은 지금 세계사적으로도 드문 전환의 지점에 서 있다. K-컬처, K-푸드, K-민주주의, K-연대, 이것은 한 시대의 유행이 아니라, 우리 사회가 가진 회복력과 창조성의 증거다. 민주주의의 강력한 시스템, 한지·한복·한옥 등 전통문화의 재발견, 그리고 빛의 혁명과 같은 집단지성의 힘. 이 모든 것은 우리가 전환의 시대를 주도할 수 있는 자산이다. 하지만 동시에 우리는 위기의 한복판에 있다. 정치의 극단화, 사회적 양극화, 도덕과 윤리의 붕괴, 종교의 권력화와 상업화, 교육의 계급화. 이 모든 문제는 전환의 시대에 반드시 넘어야 할 산이다. 전환은 위기와 희망이 동시에 존재하는 시간이다.

인문학은 과거의 경험과 역사를 통해 오늘의 나와 미래의 우리를 비추는 거울이다. AI와 기술이 아무리 발전해도, 인간의 정신, 따뜻함, 자비, 품격은 기계가 흉내 낼 수 없는 영역이다. 기술과 AI가 인간의 경계를 시험하고, 정치와 문화가 요동치는 이때, 우리가 잃지 말아야 할 것은 인간의 온기와 연대, 그리고 품격이다. 이런 것들을 잃어버리면 결국 괴물이 된다. 기술이 발전할수록, 오히려 인문학의 역할은 더 커진다.

위기의 시대, 희망을 건지는 작업

건축이 됐든 제조가 됐든 반도체가 됐든 그리고 자동차가 됐든 우리나라에서도 메디치가와 같은 기업이 나와야 한다. 기업의 이윤을 재원으로 예술에, 인문학에 지원을 아끼지 않아야 한다. 가우디와 같은 예술가도 나와야 한다. 안토니 가우디를 살린 게 에우세비 구엘이다. 구엘이 가우디에게 구엘 공원 건축을 맡겼던 초기에 구엘의 회계 담당자는 가우디가 돈을 너무 많이 쓰고 있어 내쳐야 한다는 의견을 제시했다. 그때 구엘은 "가우디가 쓴 돈이 고작 그 정도냐, 더 쓰게 하라"고 했다는 일화가 있다. 구엘이 없었다면 가우디가 없고 지금의 스페인은 없었을 것이다. 그러니까 어떤 기업가가 남들이 들여다보지 않는 이런 인문학적인 부분에 돈을 쓰고 자신의 시간을 쓴다는 것은 세월이 지나면 굉장히 빛이 나는 일이다.

본질적으로 건축이라는 게 고도의 인문학이다. 밥을 짓다, 글을 짓는다고 하듯 집도 짓는다고 한다. 결국에는 사람이 짓는 것이다. 우리가 어떻게 사느냐, 어느 방향으로 가느냐는 것은 거처이자 동선이다. 그것은 햇빛, 바람, 물 등 우리 인간이 필요로 하는 자연과 겹쳐 있다. 거기에 고도의 철학이 들어가지 않는다면 그건 그냥 단순한 건축물과 다름 아니다. 어떤 건축물에 들어갔을 때 경건해지는 곳도 있고, 활발해지는 곳도 있다. 집안에 들어갔는데 마치 자연에 있는 것처럼 느껴진다면 그것이 고도의 인문학이자 고도의 철학이고 예술이다. 우리가 인문학 인문학 하지만 결국에는 사람이 사람답게 사는 것이다. '내가 나다운 삶', 옷 하나 입는 것만으로도 그 사람의 품격이 드러나는데 건축물은 오죽하겠나. 나도 '깊은산속 옹달샘'을 만들면서 가우디 건축물이라든지 동화적인 건축물들을 보면서 저렇게까지는 못해도 흉내라도 내어야겠다고 생각했다. 건축물을 구현할 때 하나하나가 설계자만의 뜻이 있다. 글을 짓는 데도 엄청난 디테일이 있다. 스토리를 만들어가는 과정에서 어떤 단어를 쓰고 어떤 표현을 하고 이런 것들은 다 디테일이다. 거기에는 인문학적 요소들이 들어가 있다. 결국 총체적인 것이다.

전환이 성공하려면 한 사람의 힘만으로는 부족하다. 생태계와 네트워크, 연대와 선순환이 필요하다. 인간을 지키는 작업,

인간의 온기를 지키는 연대와 중심 세력이 필요하다. 문화와 예술, 인문학은 단순한 장식이 아니라 사회의 뿌리다. 미국의 록펠러는 생전에 자신의 재산으로 재단을 만들었다. 비영리재단인데도 이미 자생력을 가지고 있다. 그 핵심은 인문학과 예술이었다. 젊은 친구를 지원하고 그중 빛을 보게 되는 사람은 십일조 하듯이 수익의 10%를 기부하니 자연스레 선순환적인 생태계가 구축됐다. 록펠러 재단의 예에서 보듯, 예술과 인문학을 중심으로 한 생태계는 자생력을 갖추고, 선순환 구조를 만들어낸다. 우리 사회에도 이런 모델이 필요하다. 청년들에게 물길을 열어주고, 격려하고, 위로하고, 품격을 높이는 작업들이 필요하다. 한 사람의 힘은 미약하지만, 연대와 생태계, 네트워크가 만들어내는 선순환이야말로 지속 가능한 전환의 토대가 된다.

나는 그동안 '꿈 너머 꿈'에 대한 이야기를 해왔다.

Beyond Dream, 그 꿈이 이루어진 다음에 무엇을 할 것인가. 공동체적이고 미래지향적인 방향을 만들어갈 때 반드시 들어가야 하는 것이 인문학적인 요소이다. 그래서 『아크』와 같은 작업이 필요하다. 새로운 문화 운동이자 인문학 생태계의 마중물 역할을 할 수도 있겠다는 생각이 든다. 우리 사회에도 이제 이런 모델이 필요하다. 네트워크로 연결해서 새로운 길을 모색해보면 좋겠다.

전환, 새로운 출발점

전환은 끝이 아니라 시작이다. 고난의 끝에서 새로운 언어와 꿈이 태어나듯, 우리가 맞이하는 전환의 시간도 미래를 여는 씨앗이 될 것이다.

전환의 순간마다, 우리는 스스로에게 질문해야 한다.

"이 변화는 나에게 무엇을 요구하는가? 나는 어떻게 이 전환에 응답할 것인가?" 그 물음에 대한 답이, 바로 나와 우리 사회의 미래를 결정한다.

*이 글은 4월 16일 고도원 이사장과의 인터뷰 내용을 고영란 편집장이 고도원 이사장의 시점으로 정리했다.

나지메딘 메시카티

서던 캘리포니아 대학교(USC)의 토목환경공학과, 산업시스템공학과, 국제관계학과 교수이다. 하버드 대학교 케네디 정책대학원 부속 벨퍼 과학국제문제센터 원자력 관리 프로젝트 연구위원과 하버드 모사바르-라마니 비즈니스정부센터(M-RCBG) 부연구원(2018-2020)을 역임하였으며, 미국 학계의 최고 영예 중 하나인 제퍼슨 과학 펠로우로 선정되어 미국 국무부 과학기술고문실에서 선임 과학공학고문(2009-2010)으로 재직하며 미국의 대외 과학기술정책 수립에 기여한 바 있다.

이도경

서던 캘리포니아 대학교(USC)에서 인지과학과 정치외교학을 전공하고 있다. 2024년 워싱턴 DC의 R 스트리트 연구소(RSI)에서 근무하며 미국의 예산 수립 과정에 관한 사례연구를 집필했고, 베를린의 세계공공정책연구소(GPPi)에서 독일·인도·호주 국회의원 교류포럼을 기획하는 일을 했다. 영국 저널 〈글로벌 폴리시〉(Global Policy)에 「상흔이 다시 드러날 때: 계엄령, 탄핵과 한국의 도전」(2024.12)을 기고했다.

하드파워와 소프트파워를 넘어서
: 함포 외교에서 엔지니어링 외교로, 왜 지금인가?

"상호의존으로 얽혀있는 지구촌에서 국가들은 권력을 두고 경쟁하기보다는 협력의 지혜를 터득해야 한다." - 고故 조지프 나이 교수

올해 5월 6일, 하버드 대학교의 조지프 나이 교수가 돌아가셨다는 소식을 접하고 깊은 슬픔과 함께 그분이 남기신 지적인 유산의 무게를 새삼 느끼게 되었다. 20세기, 국제정치가 힘의 대결을 억제하기 위한 세력 균형balance of power이라는 현실주의적 논리에 지배당하던 시대에, 그는 한 국가의 문화적 역량과 정치 체제와 같은 보이지 않는 무형의 요소들이 총칼의 위협 없이도 서로의 마음과 정신을 움직일 수 있다는 통찰을 학문적으로 완성시켰다.

그가 세상에 내놓은 '소프트파워'라는 개념은 이후 수십 년간 세계가 작동하는 방식을 둘러싼 담론의 패러다임을 바꿔놓았고, 사람들은 세계가 더 이상 '하드파워', 즉 단순한 힘의 논리가 아닌 경제와 문화의 논리로 작동하기 시작했다고 믿게 되었다. 베를린 장벽의 잔해가 치워지고 분단의 철조망이 걷힌 후 지난 30년 동안, 지구촌의 헤드라인을 장식한 것은 전장의 비극이나 재앙의 상흔보다는 분기별 경제성장률과 해마다 돌아오는 아카데미상 수상작이었다. 한때 세계의 안정을 위해서는 오직 군사력의 정교한 균형추만 있으면 족하다고 믿었던 냉혹한 현실주의의 시대를 지나, 소프트파워의 패러다임이 지배하는 새로운 세상에서는 맥도날드가 들어선 국가끼리는 전쟁을 하지 않는다는 '골든아치 이론'이 진지한 학술적인 관심을 받기 시작했다. 즉, 냉전 이후의 세계에서는 단순한 국가 간 이해관계의 충돌과 권력 게임의 원시적 논리를 초월하여, 민주주의와 인본주의로 대표되는 고차원적 가치들이 비로소 세계 평화를 실현할 수 있다는 희망적인 믿음이 천천히 그 싹을 틔우고 있었던 것이다.

한편으로, 기술의 진보가 소프트파워와 만나면서 세계가 돌아가는 속도는 끊임없이 가속화되었다. 그렇게 기술 발전과 문화적 영향력으로 더욱 긴밀해진 세계는 국가 간의 물리적 거리뿐만 아니라 심리적 거리까지도 좁혀 나갔다. 대형 항공기의 항

속거리가 나날이 늘어나고 자유무역 체제가 뿌리내리면서, 과거에는 수입하는 데 몇 달이 걸렸던 상품들이 이제는 단순화된 통관절차를 거쳐 불과 며칠 만에 전 세계 소비자들의 손에 전달되고 있다. 전 세계 인터넷 프로토콜이 발달하고 또 컴퓨터의 성능이 비약적으로 향상되면서, 한때 국경을 넘나드는 데 몇 달이 소요되었던 영화나 드라마 같은 문화 콘텐츠들이 이제는 넷플릭스를 통해 전 세계에 동시 개봉하는 시대가 열렸다.

하지만 이런 가속화에는 감춰진 대가가 있었다. 전례 없는 글로벌 연결을 가능케 한 바로 그 기술들이 또 한편으로는 기존의 외교적 틀로는 해결하기 어려운 새로운 차원의 위험을 불러일으킨 것이다. 쓰나미에 대응하는 방어력이 부족한 원자로 설계, 안전 수칙보다 운항 속도를 앞세운 여객선 시스템, 그리고 국제 표준에 미달하는 항공 인프라 등 기술과 인명이 교차하는 이 비극적 접점들은 우리가 만들어낸 기술적 연결망의 복잡성이 그것을 안전하게 관리할 수 있는 인간 사회의 제도적 지혜와 법적 대응력을 때로는 훨씬 뛰어넘어 질주하고 있음을 적나라하게 보여주었다.

어쩌면 이 글을 읽고 있는 한국 독자들이야말로 이런 변화가 가져온 희망과 위험을 누구보다 깊이 체감하는 이들일 것이다.

불과 40년 전까지만 해도 세계 무대에서 존재감이 미미했던 혹은 '전쟁으로 분단된 나라'라는 부정적 이미지로만 기억되던 곳에서 경제대국으로 우뚝 선 '한강의 기적'이라는 서사는 이제 이미 진부한 뉴스가 되어버린 지 오래다. 한국의 문화적 대약진은 **우리가 살아가는 초연결사회가 지닌 잠재력과 그 이면에 도사린 위험성을 동시에 압축해서 보여주는 극적인 표본이 되었다.** 한국이 세계적 주목을 받게 된 가장 결정적 요인은 지난 10여 년간 한류로 대표되는 문화 콘텐츠의 폭발적 수출 증가였다. 하지만 동시에 한국은 압축 성장의 그늘에서 안전에 대한 성찰이 기술의 도약을 따라잡지 못할 때 사회를 지탱하는 최첨단 시스템들이 어떻게 순식간에 국가를 근본부터 흔들 수 있는지를 온몸으로 경험하기도 했다.

2025년: 전환의 해 — 속도와 해법을 다시 생각하다

2025년은 냉전 종료 이후 30여 년간 지속되어온 낙관적 세계관이 완전히 산산조각 나기 시작한 결정적 분기점으로 역사에 기록될지도 모른다. 트럼프 행정부의 관세 정책은 그동안 온갖 어려움 속에서도 견고하게 굴러가던 글로벌 공급망이 국가 이익과 힘의 논리에 따라 언제든 붕괴될 수 있다는 공포를 전 세계에 심어주었다. 우크라이나 전쟁이 장기 교착 상태로 빠져들면서 무너져내린 것은 우크라이나 한 나라만이 아니었다. NATO가 보여주고 있는 전 세계 군사협력 시스템의 위기가 보여주듯이, 그동안 철옹성처럼 여겼던 국제 외교 질서 자체가 흔들리기 시작한 것이다.

이런 상황 속에서 힘과 무력의 논리가 다시금 세계 담론의 중심에 서고 있다. 소프트파워가 허물어뜨리는 듯했던 전 세계의 심리적 장벽은 다시 높아지고 있다. 인류를 하나로 묶어주는 도구로 각광받았던 인터넷마저 이제 국경선을 따라 여러 조각으로 분열되고 있다. 어쩌면 인류는 너무나 빨라진 변화의 속도에 적응하지 못한 것일지도 모른다. 많은 이들이 생성형 AI로 상징되는 최신 기술 발전이 사람들 간의 문화적 거리를 더욱 좁히기는커녕 오히려 조작된 정보와 허위 사실의 대규모 확산을 통해 인간과 인간 사이의 근본적 불신과 적대감을 기하급수적으로 증폭시킬 수도 있다는 심각한 우려를 제기하고 있다.

이러한 철학적인 우려 속에서, 기술문명이 떠안고 있는 실존적인 과제들은 여전히 현재진행형이라는 사실을 우리는 너무나 편하게 잊어버리고 있다. 기후변화는 각국의 외교 관계와 무관하게 계속해서 가속화되고 있다. 원자력 발전소는 해당 국가들이 동맹국이든 적대국이든 상관없이 국제적인 안전 협력체계를 절실히 필요로 한다. 항공 운항 시스템은 **문화적 소통의 다리들이**

하나, 둘 불타 무너져 내리는 순간에도 글로벌 표준을 준수해야 한다. 이 모든 도전들은 정치적 계산과 편의를 위해 잠시 숨을 고르고 기다려주지 않기 때문에 전통적인 하드파워와 소프트파워라는 낡은 이분법을 넘어서는 새로운 접근법이 절실히 요구된다.

힘의 정치가 다시 세상을 지배하는 듯한 국면에서, 우리는 과연 무엇에 집중해야 할까? 우리는 과연 어디에 희망을 걸어야 할까? 기존의 외교적 통로들이 하나둘 막혀가고 문화적 이해의 다리들이 잿더미로 변해갈 때도 인류는 여전히 공통의 기반을 찾아낼 수 있을까? 그동안 지구촌을 하나의 공동체로 엮어주던 바로 그 혁신 기술들인공지능, 글로벌 통신 네트워크, 자동화 시스템이 이제는 협력의 매개체가 아닌 불신과 분열을 조장하는 도구로 전락할 때 우리는 어떤 대안을 모색해야 할까? 그리고 무엇보다 절박한 현실적 질문은 바로 이것이다: 충분한 국제적 조율과 감시 체계 없이 극도로 복잡한 기술 시스템들이 국경을 마음대로 넘나들며 통제 없이 가동될 때 필연적으로 발생하게 될 재앙적인 시스템 실패를 우리는 과연 어떻게 예방할 것인가?

그 해답은 기술과 외교의 창조적 결합이다. 이것이 바로 내가 제시하는 '엔지니어링 외교Engineering Diplomacy'의 핵심이다.

참사에서 얻는 교훈: 공학이 인간성과 만나는 지점

동아시아 현대사의 궤적을 그어온 비극적인 사건들을 되짚어보면 우리 기술 시대의 냉혹한 현실이 적나라하게 드러난다. 2014년 세월호 참사, 2011년 후쿠시마 원전 사고, 그리고 2024년 제주항공 참사는 개별적인 비극이 아니다. 이들은 기술적 역량과 제도적 성찰력 사이에 벌어진 불균형의 생생한 증거들이다. 이 사고들은 각각의 최첨단 엔지니어링 시스템이 충분한 안전 의식과 국경을 초월하는 안전 보장을 위한 외교적 협력체계 없이 맹목적으로 가동될 때 어떤 파멸적 결과를 초래하는지를 증명해 보였다.

304명의 소중한 생명을 앗아간 세월호를 떠올려보자. 희생자 대부분은 꿈 많은 고등학생들이었다. 나는 두 명의 한국인 공학도와 함께 이 사고의 체계적 근본 원인 분석을 실시하여 2017년 Applied Ergonomics 학술지에 연구 논문을 발표한 바 있다. 조사 결과 선박 자체를 훨씬 넘어서는 일련의 시스템 실패가 드러났다. 세월호는 허용 한계를 무려 1,155톤이나 초과하는 2,142톤이라는 위험천만한 화물을 적재한 상태에서, 안전한 운항을 위해 절대적으로 필요한 1,703톤의 평형수 대신 그 절반에도 못 미치는 고작 761톤만을 채운 채 무모한 운항을 강행했다. 안전 기준을 완전히 무시한 화물고정장치로 인해 선박이 급격히 선회하는 도중 화물이 한쪽으로 쏠리면서, 선박의 생명줄이라 할 수 있는 복원력이 치명적으로 상실되어 버렸다. 이러한 기술적인 결함들은 사회 시스템의 구조적인 문제들을 만나 파멸적인 결과로 이어졌다: 일본에서 물려받은 낡은 규제 체계, 검사관들이 안전 위반 사항을 묵인하는 규제 포획 현상, 그리고 승객의 안전보다 회사의 수익성을 우선시한 운영사의 도덕적 해이. 이 참사는 한국 사회의 압축성장이 안전에 대한 성숙한 의식 형성을 앞질러 나가며 사회의 감시감독 시스템에 어두운 사각지대를 이곳저곳 양산해냈음을 드러냈다.

일본의 후쿠시마 원전 사고는 기술적 진보의 속도가 인간의 지혜를 압도해버린 또 다른 비극적 전형을 보여준다. 인류 관측 사상 최대 규모인 9.0의 대지진이 발생하면서 외부 전력 공급망이 완전히 차단되었다. 뒤이어 상상을 초월하는 15미터 높이의 거대 쓰나미가 발전소의 10미터 방호벽을 무력하게 넘어 발전소 핵심 시설들을 물바다로 만들어버렸다. 마지막 보루인 비상 디젤 발전기마저 침수로 인해 완전히 기능을 상실하면서 3기의 원자로가 냉각 시스템 없이 방치되어 노심 용융과 수소 폭발이라는 최악의 악몽이 현실로 나타났다. 나는 미국 국립과학원과 국가연구위원회 산하 '미국 원전의 안전성과 보안 강화를 위한 후쿠시마 사고 교훈' 위원회의 핵심 위원으로 참여하여 후쿠시마 제1/제2원자력 발전소 현장을 직접 조사하고 2014년 종합적인 안전 개선 보고서 작성에 기여했다. 그러나 이 재앙의 본질은 결코 예측 불가능한 자연의 힘에만 있지 않았다. 근본적으로 인간 제도의 구조적 실패였으며, 규제 당국의 독립성 포기, 국제적 안전 기준 조율의 현저한 부족, 그리고 진실한 소통보다 조직 내 서열과 체면을 우선시하는 경직된 안전 문화의 필연적 산물이었다. 국경을 가리지 않고 확산된 방사성 세슘-137과 요오드-131은 원전 안전이 단순한 기술적 과제가 아니라 본질적으로 외교적 협력을 요구하는 문제임을 전 세계에 각인시켰다.

그리고 지난해 12월, 방콕에서 무안공항으로 돌아오던 제주항공 보잉 737-800기가 조류와의 충돌 후 비상상황을 선언한 뒤 동체착륙을 시도하는 과정에서 발생한 또 다른 참사가 한국 사회를 뒤흔들었다. 항공기는 2,800미터 활주로를 벗어나 활주로 끝단의 둔덕과 충돌했다. 이 콘크리트와 그 위에 자리한 로컬라이저 안테나 구조물은 항법 장비의 안정적 작동을 위해 설계된 견고한 시설물이었지만, 국제표준에서 권장하는 충격시 파손 가능frangible하도록 한 특성을 전혀 갖추지 않았다. 이 참사는 공항 인프라 설계, 핵심 항법 장비의 배치, 그리고 비상착륙 상황에 대한 국제 항공 안전 규정의 적정성에 대해 시급하고 근본적인 의문을 제기한다. 나는 USC에서 30년 넘게 항공 안전 분야를 연구하고 강의해왔으며, 보잉의 안전 관리 체계와 안전 문화에 대한 의회 차원의 검토를 수행한 FAA 전문가 패널 위원으로 활동했고, 2024년 4월 17일 미국 상원 상무과학교통위원회 청문회에서 해당 패널의 조사 결과에 대해 증언한 바 있다.

이 일련의 비극들을 하나로 관통하는 핵심은 그 사고들의 엄청난 규모나 충격적인 파급력이 아니라, 우리 시대가 직면한 하나의 근본적 공백에 대한 것이다. 공학적 역량과 인간의 지혜 사이, 기술적 속도와 제도적 감시 사이, 국가 주권과 국제적 책임 사이에 벌어진 위험한 간극 말이다. 이 모든 재난은 복잡한 기술 시스템들이 안전을 보장하는 데 필요한 외교적·제도적인 협력의 틀 없이 무작정 가동되었기 때문에 발생했다.

**강대국·권력정치의 논리를 초월하는 대안으로서의
엔지니어링 외교**

엔지니어링 외교라는 담론은 단순한 학술적 유용성이나 현재의 시국과의 관련성을 뛰어넘어 미래를 위해서 절대적으로 토의가 필요하다. 공학적인 시각은 현재의 비관적인 하드파워 정치를 뛰어넘을 수 있도록 유일한 돌파구를 제시할 수 있다. 전통적 외교 채널들이 막혀가고 문화적 소통의 다리들이 단절되어가는 이 시대에, 엔지니어링 외교는 하드파워와 소프트파워 모두가 제공하지 못하는 독특하고 강력한 해법을 내놓는다: 객관적이고 측정 가능한 문제들에 대한 객관적이고 측정 가능한 해답이다.

각국이 하드파워의 원시적 논리로 움츠러 들어갈 때 벌어지는 파멸적 현실을 깊이 생각해보자. 무역전쟁이 글로벌 공급망을 무자비한 무기로 전환시키지만, 냉혹한 물리학의 법칙들은 인간이 만든 관세 장벽 따위는 전혀 인정하지 않는다—섭씨 2,800도를 넘나드는 극한의 노심 온도로 치달은 원전 사고는 해당 국가들 간의 외교적 관계가 우호적이든 적대적이든 상관없이 국경 너머 무고한 주민들의 생존을 무차별적으로 위협한다. 군사적 시위와 무력 과시는 단기적으로 국가적 위상을 드높일 수 있을지 몰라도, 치명적 설계 결함을 가진 항공기 접근 시스템이 야기하는 파괴적 충격력이나 부적절한 복원력 계산으로 인한 여객선의 침몰을 예방하지는 못한다. 하드파워와 소프트파워는 언론의 헤드라인을 장식하며 대중의 관심을 끌 수 있지만, 시민들의 일상적 삶을 위협하는 기술적 취약성과 시스템적 위험에 대해서는 때때로 실질적 해답을 제시하지 못한다.

반도체 제조 공정에서 첨단 조선 기술에 이르기까지, 한국을 세계적 기술 강국으로 올려놓은 기술적 탁월함은 정밀한 공학 표준을 토대로 구축되었다. 하지만 세월호 참사는 성숙한 안전 문화가 뒷받침되지 않는 기술의 우수성이 얼마나 공허한 성취인지를 뼈아프게 일깨웠다. 우리 앞에 놓인 시대적 과제는 한국의 경제적 기적을 일궈낸 것과 동일한 체계적 정밀함과 과학적 엄밀성을 기술 문명의 가속화된 속도에 보조를 맞출 수 있도록 국제적 안전 협력 체계의 구축에 일관되게 적용하는 것이다.

엔지니어링 외교는 우리가 공유하고 있는 기술적 현실에 초점을 맞춤으로써 이런 지정학적인 잡음을 관통해 나아간다. 한국의 사고 조사관들이 미국 연방항공청과 긴밀히 협력하여 통일된 국제 표준에 따라 항공속도, 고도, 조종면 위치 같은 생명과 직결되는 핵심 비행 매개변수들을 정밀하게 추출하기 위해 블랙박스를 공동 분석할 때, 일본의 원자력 전문가들이 심각한 정치적 갈등과 외교적 긴장에도 불구하고 압력용기의 구조적 건전성 데이터와 냉각 시스템의 정교한 설계도를 국제 동료들과 공유할 때, 그리고 선박공학의 보편적이고 과학적인 원리에 기반한 여객선의 복원력이 서로 다른 국가들의 상이한 규제 체계 속에서도 어떻게든 하나의 수치로 규제화될 때, 이러한 기술적인 협력들이 외교적인 담판보다 놀라운 성과를 거둘 수 있다. 핵심적 이유는 바로 권력 정치의 제로섬 게임이라는 파괴적인 논리를 초월하기 때문이다.

이런 접근은 다른 외교 통로들이 막혀버린 상황에서도 지속될 수 있는 국제적인 연대, 즉 필요에 의한 협력cooperation of necessity을 가능하게 한다. 주요 강대국들 간의 지정학적 긴장과 군사적 대립이 위험스럽게 고조되는 암울한 현실 속에서도, 각국의 항공 안전 당국들은 조류 충돌 대응의 정교한 절차, 활주로 표면 마찰 계수의 정확한 측정, 그리고 비상착륙 상황에서 생명을 구하는 매뉴얼에 관한 핵심적 정보와 귀중한 데이터를 지속적으로 공유하고 있다. 이런 협력의 부재 속에서 발생하는 사고들이 일으킬 파급 효과만은 모두가 예측할 수 있기 때문이다. 그러한 공학적인 필요를 부각시키고 과학적인 협력에 호소하며 미래에 대한 담론을 계속하는 것만이 세계가 나아가야 할 방향을 진지하게 토론해 볼 수 있는 마지막 보루가 될지도 모른다.

바로 이것이 공학과 인문학이 손을 맞잡고 나아가야 하는 이유다. 이러한 접근법은 국제 협력에 대해 갈수록 비관적인 시대에 어쩌면 희망을 제시할 수 있다. 공학은 국경을 초월하는 복잡한 문제들을 해결하는 데 필요한 기술적인 청사진을 제공하고, 인문학은 그런 문제들이 왜 중요하며 우리가 누구를 위해 그것들을 해결하고 있는지를 끊임없이 상기시켜준다. 다시 말해, 인문학의 미래와 가치에 진정한 관심을 가진 이들은 공학과 기술에 대해 깊이 있게 고민하고 이해해야 하고, 공학도들과 기술자들 역시 인문학적 사유와 성찰을 진지하게 받아들여야 한다. 이 두 영역이 지속적으로 만나고 융합될 때, 편협한 고립주의적 하드파워로 퇴행하지도 않으며 소프트파워의 때로는 공허해 보이는 약속에만 의존하지 않는 새로운 전진의 길이 열린다.

2025년 4월 17일 하버드 케네디 스쿨에 위치한 나이 교수 연구실에서 그를 마지막으로 뵈었을 때, 나는 그분께 그의 소프트파워 이론과 '스마트 파워'의 더 넓은 비전이 엔지니어링 외교의 지적 토대를 제공한다고 말씀드렸다. 엔지니어링 외교는 그분이 효과적이고 지속가능한 국제 협력의 절대적 핵심이라고 평생에 걸쳐 주장해오셨던 상호 관계와 깊은 신뢰를 구축하기 위한 구체적이고 실용적인 기술적 메커니즘을 체계적으로 제공함으로써, 소프트파워 이론을 현실 세계에서 구체적으로 구현하려는 시도라고 할 수 있다. 근본적으로 우리 두 사람 모두 다음과 같은 핵심적 가치들과 원칙들을 열정적으로 옹호하고 있었다:

- 문화적/기술적 매력과 공유된 가치를 통한 비강압적이고 건설적인 영향력을 행사할 것을 주장하고,
- 일방적 해법을 강요하기보다는 지속가능하고 상호 이익이 되는 관계를 구축하고,

- 지구적 차원의 도전과 과제에 대한 다자간 협력과 연대를 강조하며,
- 모든 당사자들에게 실질적 도움과 이익이 되는 실용적 문제 해결을 주창한다.

지난 4월 하버드 케네디 스쿨에서 나이 교수와 함께한, 슬프게도 우리의 마지막 만남이 되고 말았던 잊을 수 없는 오후에, 나는 그분께 마지막으로—그리고 그분도 분명히 아셨을 것이라 확신하지만—내가 얼마나 깊이 사랑하고 존경하는지를 전했다. 나는 그 자리에서 뭔가 경이로운 것을 목격했다: 그의 획기적 연구와 책들에 불을 지핀 그 열정이, 수십 년의 세월이 흘렀음에도 그의 눈 속에서 여전히 뜨겁게 타오르고 있었던 것이다. 인류의 잠재력에 대한 그 변함없는 혁명적 확신, 그 흔들리지 않는 낙관주의가 그분이 하시는 말씀 하나하나에 생생하게 고동치고 있었다.

어째서 이 불꽃이 그토록 강렬하게 지속될 수 있었을까? 나이 교수가 하나의 근본적 진리를 꿰뚫어보셨기 때문일 것이다: 제국들이 흥망성쇠의 역사적 순환을 거듭하고, 혁신적 기술들이 우리의 일상적 존재 방식을 끊임없이 변화시켜나가는 와중에도, 문화라는 초월적이고 정신적인 힘만은 우리 인류가 보유한 가장 지속적이고 강력한 문명적 원동력으로 영원히 남아있다는

것. 그것은 서로 다른 국가들과 민족들을 하나의 공동체로 엮어주는 보이지 않는 정신적 끈이며, 이념적 대립과 지정학적 갈등이 만들어낸 가장 깊고 어두운 골짜기를 메워주는 희망의 다리인 것이다.

강대국 간의 파워게임이 국제 협력이라는 문명적 기반 자체를 찢어버리겠다고 위협하는 우리의 어두운 시간에, '함포艦砲 외교'라는 힘의 정치가 다시금 새로운 표준으로 자리 잡아가는 이 순간에, 우리는 단순히 그분의 혜안을 기억하는 것을 넘어 창조적인 용기로 그것을 현실에서 구현해내야 한다. 그분이 들고 계셨던 횃불이 이제 우리 손에 넘어왔다. 우리는 이 역사적 순간을 붙잡아 엔지니어링 외교의 변혁적 잠재력을 마음껏 발휘하고, 혁신과 협력, 그리고 인류 공동의 창의적 지혜가 가진 소프트파워를 당당히 행사해야 한다. 이것이 바로 우리의 사명이다: 우리 모두 공학자의 머리와 인문학도의 가슴을 가지고 그 부름에 응답하자.

전통적 외교 채널들이 막혀가고
문화적 소통의 다리들이
단절되어가는 이 시대에,
엔지니어링 외교는
하드파워와 소프트파워 모두가
제공하지 못하는
독특하고 강력한 해법을 내놓는다:
객관적이고 측정 가능한
문제들에 대한 객관적이고
측정 가능한 해답이다.

장현정
일생에 단 한 번쯤 사랑하세요, 뜨겁게, 애틋하게

천정환
반년, 12월 3일부터 6월 3일까지
: 어두움과 '전환'의 희망과

김종기
욕망이 진실을 대체하는 시대, 예술은 무엇을 할 수 있는가?

이성철
인상파와 그림의 전환

심상교
전환의 미학
: 감성과 언어의 경우

장현정

작가, 사회학자, ㈜호밀밭 대표. 부산대학교 사회학 박사 과정을 수료하고 부산출판문화산업협회 초대 회장을 역임했다. 『록킹 소사이어티』를 비롯해 여러 권의 책을 썼으며 최근 작품으로 『바다의 문장들 1』을 펴냈고, 『주4일 노동이 답이다』(공역)와 『파시스트 거짓말의 역사』를 우리말로 옮겼다.

일생에 단 한 번쯤 사랑하세요, 뜨겁게, 애틋하게

오십에 다시 읽는 인문학

최근 2~3년은 가히 전환의 시간이었다. 사회적 분열과 시국의 어수선함도 그렇지만, 개인적으로도 건강에 큰 이상이 오면서 일상이 많이 달라졌다. 우선 그 좋아하던 술과 담배를 하루아침에 끊었다. 사람들 만나는 횟수가 눈에 띄게 줄었고, 늦게 일어나고 늦게 잠들던 습관도 바뀌어 일찍 자고 일찍 일어나는 새 나라의 어린이처럼 살고 있다.

마침 올해는 나이도 만으로 오십이 되었다. 서점가에서 '오십에 읽는 ○○' 같은 제목의 책들이 유행 중이라 읽어봤더니 대체로 오십이 평정심, 침착함, 한쪽으로 기울지 않는 균형감각 같은 것이 더욱 중요해진 나이임을 강조하고 있었다. 오십 정도 되었으면 이제 더는 남의 시선을 의식하지 말고 자기 삶을 우선순위 가장 위에 두라고도 말하고 있었다. 스스로 삶의 방향과 속도를 결정하라는 것인데, 그것은 사실 인문학의 궁극적 목표라고도 할 수 있다. 인문학은 나다움, 자기다움을 위해 필요한 것이기 때문이다. 그래야 자기 삶의 주인, 즉 방향과 속도를 스스로 결정할 수 있는 사람이 될 수 있다.

일생에 몇 번은 반드시 겪게 될 이 전환의 시기는 사실 갑자기 찾아오는 것은 아니다. 세상에 예기치 않게 찾아오는 것은 거의 없다. 건강 이상으로 인한 나의 예정에 없던 전환 역시 이미 그 이전부터 상당 기간 쌓인 불규칙한 생활과 음주, 무엇보다 과로와 스트레스 같은 게 원인이 되었을 것이다. 그러니 이런 전환은 오히려 적당한 시기에 받은 선물로 여겨도 좋다. 물론 전환은 고통스럽다. 부랴부랴 익숙한 것들과 결별해야 하고, 몸에 맞지 않는 낯설고 불편한 것들을 받아들여야 한다. 하지만 이 고통을 견디고 나면 우리는 이전보다 더 단단하고 깊은 사람이 될지도 모른다. 아타락시아평정심ataraxia, 균형, 차분함 같은 가치의 깊은 의미를 비로소 깨달을 수 있게 될지도 모른다.

물극필반과 이변비중의 원리

개인과 마찬가지로 사회적 전환의 순간에도 전조는 늘 있게 마련이다. 어떤 전환은 새로운 길이 열리면서 일어나기도 하지만 또 어떤 전환은 막다른 길, 철학에서 말하는 '아포리아a-poria'에서 비롯되기도 한다. 달도 차면 기우는 것처럼 세상의 모든 역사는 요약하면 막다른 길까지 갔다가 바닥을 치고 다시 방향을 바꾼 전환의 반복이다. 이른바, '물극필반物極必反'의 이치다. 예를 들면 자연철학과 고대 그리스의 세계관이 초심을 잃고 시간이 지날수록 궤변과 말장난으로 타락하자 신을 중심으로 한 중세가 출현했고 중세의 종교 역시 시간이 흐르자 마침내 개혁이 필요할 만큼 타락해 '다시 인간을 향한' 르네상스가 시작되었는데 이후 인간의 힘과 아름다움에 대한 낙관으로 시작한 근대 역시 시간이 흐르면서 오만과 폭력으로 변질되어 두 번의 세계대전이라는 커다란 비극을 거치면서 '성찰적 근대성'으로의 전환을 요구하게 되었다.

칼 폴라니가 역저 『거대한 전환』을 펴낸 것도 제2차 세계대전이 끝나가던 1944년이었는데 그는 이 책을 통해 수백 년간 지속된 시장 중심주의 경제 체제가 어떻게 파시즘으로 이어졌는지 비판했다. 체제의 불안정성은 그 전조로서 이미 15년 전인 1929년에 대공황의 충격으로 터져 나온 바 있었다. 그리고 그로부터 100년이 지난 지금 우리가 살고 있는 세계는 어떤 모습인가. 역시 공황, 양극화, 차별, 혐오 등으로 불안정성은 높아지고 세계적으로 극우와 파시즘의 사나운 기운도 스멀스멀 퍼지고 있다.

역사를 보면 알 수 있듯 인간은 어리석게도 바닥까지 가고 나서야 비로소 뒤늦은 깨달음을 얻곤 한다. 하지만 이때, 앞서 말한 것처럼 적당한 시기에 받은 선물이라고 여기며 오히려 제대로 방향을 설정하고 기존의 삶과 세계를 새롭게 바꾸는 데 성공하면 이전까지의 고통은 담금질이 되어 더 성숙하고 깊은 존재로 거듭나는 기회가 되기도 한다.

잠깐 성공했다가 대체로 실패하는, 서핑과도 비슷한

원효대사는 극단으로 치우치지 않도록 경계하되 딱 중간이어서도 안 된다는 의미의 '이변비중離邊非中'이라는 지혜를 우리에게 남겨주었다. 인간이 불완전한 존재라 하더라도 겁먹고 멈춰 있을 수만은 없는 노릇이다. 위기는 기회가 되고, 또 그 기회가 위기가 되기도 하는 물극필반과 이변비중의 지혜를 곱씹어보면 살아가는 일은 결국 시시각각 방향과 속도를 조절하며 균형을 잡아가는 일에 다름 아님을 알게 된다. 인생은 잠깐 균형 잡는

데 성공했다가 대체로 다시 바닷물에 풍덩 빠지고 마는 서핑 같은 것인지도 모를 일이다. 전환은 무언가를 '살짝' 바꾸는 것에 그치는 게 아니라 몸통 전체를 바꾸어야 하기에 결코 쉬운 일은 아니다. 하지만 우리가 균형을 잃고 한쪽으로 너무 쏠려 있다고 느낀다면, 또 그럼에도 긴장하지 않고 하던 대로 익숙하게만 세상을 바라본다면 돌이킬 수 없을 만큼 심각한 위기를 피하기도 어려울 것이다.

'전환轉換'의 사전적 정의는 '어떤 상태나 상황을 다른 상태나 상황으로 바꿈, 또는 바뀜'이라고 되어있다. 그런데 여기서 '전轉'이라는 글자에는 수레[車]가 들어있다. 부분이 아니라 전체가, 고개만 살짝 돌리는 게 아니라 몸통 전체가 바뀌어야 하는 것이라 쉽지 않을뿐더러 힘들고 불편하다. 단순한 변화가 아니라 좀 더 근본적이고 큰 변화를 의미한다. '환換'에는 손을 의미하는 글자가 들어있다. 직접 행동하고, 직접 조작한다는 의미이다. 전환은 관념이 아니라 실제 세계에서 몸을 움직여 지금까지의 삶 전체를 통으로 바꾸는 것을 의미한다. 영어로도 'change' 같은 단어로는 표현이 부족하고, 'conversion' 같은 단어를 쓰는 게 더 어울린다. 보다 본질적이고 근본적 변화를 나타내는 단어로 무엇보다 그 어원을 보면 '함께'의 의미를 가진 'con-'이 들어있다는 점에서 더욱 그렇다.

위기는 때로 건강한 전환을 위한 선물

고전이 된 서머싯 몸의 소설 『달과 6펜스』는 잘 알려진 것처럼 화가 폴 고갱을 모델로 하고 있다. 고갱과 마찬가지로 이 소설의 주인공 스트릭랜드도 돈 잘 버는 증권 브로커로 일하다가 어느 날 갑자기 화가가 되려고 타히티로 떠난다. 모든 전환이 크고 두려운 것이지만 6펜스에서 달로의 전환은 가히 극적이다. 헤르만 헤세의 『데미안』 역시 이제는 고전이 된 작품으로 아마 이 작품에서 가장 유명한 구절은, "새는 알에서 나오려고 투쟁한다. 알은 곧 세계이다. 태어나려는 자는 하나의 세계를 파괴하지 않으면 안 된다"일 것이다. 현대 정신분석학에서는 회피, 유보, 외면으로는 결코 문제를 해결할 수 없다고 말한다. 새로운 삶을 위한 전환은 하나의 세계를 파괴할 정도의 결단을 요구한다.

하지만 세상의 모든 전환이 꼭 이런 문학 작품들에 나오는 것처럼 거창한 것만은 아니다. 어쩌면 훨씬 더 많은, 그리고 중요한 전환들은 단박에 일어나기보다 조금씩 작은 것들이 쌓여가며 일어난 결과인지도 모른다. 변기 하나를 전시장에 갖다 놓음으로써 현대미술의 방향 자체를 전환시킨 마르셀 뒤샹처럼, 전환은 어쩌면 작은 질문 하나에서부터 출발하는 것인지도 모른다. 특히 지금처럼 모든 것이 스마트폰을 중심으로 새롭게 구성되고 있는 시대에 우리에게 요구되는 전환은 질주, 효율, 계산 같은 것보다는 오히려 쉼과 멈춤, 질문과 느낌 같은 것인지도 모른다. 경쟁과 줄 세우기, 욕망과 속도로 점철된 한국 사회에서 로컬, 인문학, 예술 같은 것으로의 전환이 너무도 중요한 까닭이다.

르네상스라는 거대한 전환을 이끈 피렌체도 그 이전까지는 그저 조용한 변두리 상업 도시에 불과했다. 여기서 브루넬레스키가 돔을 새롭게 설계하고, 마사초가 원근법을 회화에 도입하고, 인문주의자들이 라틴 고전을 필사하며 '진정한 인간'을 구상하고 있을 때, 당대 사람 중 이런 움직임이 르네상스라는 거대한 역사의 전환이 될 것이라 예상한 사람은 많지 않았을 것이다. 역사는 때때로 중심에서 벗어난 자리에서 전환을 준비한다. 그래서 『아크』도 중심을 벗어난 경계의 도시 부산에서 꾸준히 인문적 시선으로 우리가 살고 있는 동시대를 기록하고 있는 것 아닐까.

더 인간다운 세상을 위해, 더 사랑하는 나를 위해

지금은 역사 속 그 어느 시대보다 많은 것들이 전방위적으로 빠르고 격렬하게 변화하고 있는 시대이다. 우선 평균수명이 너무 빠른 속도로 증가하고 있다. 그리고 무엇보다 AI의 등장은 우리 일상의 많은 것을 획기적으로 변화시키고 있다. 하지만 그럴수록 공존과 생태, 인문과 공동체에 대한 가치도 강조되고 있다. 기후 변화는 이제 누구도 외면할 수 없는 현실이 되었고 젠더와 인권, 청년과 로컬, 문화다양성과 장애접근성 등 중요한 가치들에 대한 논의도 더는 소수만의 외침이 아니다. 각자의 삶이 세계와 긴밀하게 연결되어 있다는 사실을 시시각각 더 확실히 깨닫는 중이다.

르네상스가 '다시' 인간다운 삶을 표방한 것처럼 전환이 꼭 새로운 것만을 향하는 것은 아니다. 우리가 잊고 지내 온 것, 잃어버린 것들을 '다시' 소환하기도 한다. 요즘 사람들은 다큐멘터리 〈어른 김장하〉를 보며 다시 어른의 가치를 되새기고, 드라마 〈폭싹 속았수다〉를 보며 순진무구한 사랑의 힘을 곱씹는다. 근대적 개인과 자기애적 자아보다 타인을 향해 기꺼이 제 존재를 던질 줄 아는 존재가 훨씬 성숙하고 아름다운 것임을 다시금 깨닫고 있다. 수백 년 질주의 시대에서 벗어나 이제는 잠깐 멈춤, 쉼표의 시기로 전환해야 한다는 것도 직관적으로 느끼고 있는 것 같다. 산업혁명 이후로 사실 인류는 너무 달려오기만 했다. 그래서 엔진도, 심장도, 근육도 너덜너덜해졌다. 성장이나 효율 같은 것이 지금도 최고의 가치가 될 수는 없다. 이제 사람들은 지속 가능성을 고민하기 시작했고 명상, 요가, 치유 같은 말이 사람들의 마음을 파고든 지도 오래다. 이제 우리도 이전보다는 조금 더 멋지고 근사한 세계를 꿈꿔봐도 좋지 않을까.

유일하게 변하지 않는 사실, 그것은 모든 것이 변한다는 사실

최근 내가 운영하는 출판사에서는 한국 대중음악의 전설 정태춘 선생님의 책 두 권을 작업해 선보였다. 동시에 선생님은 아주 오랜만에 정규 앨범 〈집중호우 사이〉를 발매했는데 호들갑이 아니라 이 앨범은 정말 최고 수준의 명반이다. 문학평론가 오민석 교수는 이 앨범을 두고 '한국 대중음악이 이룬 최고의 문학적 성취'라고 평하기도 했는데, 스승 장 그르니에의 책 『섬』의 서문을 쓴 카뮈를 흉내 내어 말하자면 오늘에야 비로소 이 음반을 처음 듣게 될 저 이름 모를 사람들이 진정 부러울 정도다.

그중 마지막 곡 〈하동 언덕 매화놀이〉는 "봄날은 오래 머물지 않고"라는 가사로 시작해, "꽃 좋고 고요한 곳 없더라"라는 인간과 사회의 지혜를 압축한 가사로 이어지는데, 오십이 되어서 그런지 요즘에는 더욱더 정말 그렇다는 생각을 하게 된다. 봄날은 오래 머물지 않는다. 전환을 위한 용기와 결단도 더 미룰 시간이 없다. 꽃 좋고 고요한 곳도 없다. 모든 게 잘 되어갈 때 구설에 휘말리기도 좋고 혹은 건강 이상 등이 반드시 따라오게 마련이니 경계해야 한다.

어릴 적에는 세상 모든 것이 가능성의 영역이었다. 그러니 불안하면서도 설렜다. 하지만 기성세대가 되고 나니 이제는 삶의 많은 것이 돌이킬 수 없이 정해지고 변화의 가능성을 가진 영역은 얼마 남지 않은 것처럼 느껴진다. 안정감은 생겼지만 설렘이 사라진 것이다. 마종기 시인의 시 〈낚시질〉에서 "낚시질하다 문득 온몸이 끓어오르는 대낮, 더 이상 이렇게 살 수만은 없다고 중년의 흙바닥에 엎드려 물고기같이 울었다" 같은 구절을 읽으면 나도 그렇게 엎드려 울고 싶어진다.

하지만 그럴수록 다시 전환을 꿈꿔볼 일이다. 헤라클레이토스의 그 유명한 격언 '같은 강물에 두 번 발을 담글 수는 없다'라는 말처럼, 세상에서 유일하게 변하지 않는 것이 있다면 그것은 모든 것이 변한다는 사실뿐일 것이다. 어떻게 변해야 할까. 무엇을 꿈꿔봐야 할까. 문득 나는 그것이 '사랑' 아닐까 생각해보곤 한다. 마침 앞서 소개한 정태춘 선생님의 새 앨범에는 박은옥 선생님이 부른 노래가 두 곡 실려있다. 그중 하나 〈민들레 시집〉은 최근 내가 가장 자주 듣는 노래 중 하나인데 가사 중, "일생에 단 한 번쯤 사랑하세요. 뜨겁게, 애틋하게. 온몸으로 피었다 결국 꽃대만 남아 오래 흔들리는 민들레야"라는 구절이 나온다. 뜨겁게 사랑하고 모든 것을 내준 다음 꽃대만 남은 민들레의 의미가 남다르게 다가와 묵직하게 가슴을 건드리는 요즘이다.

'전轉'이라는 글자에는
수레[車]가 들어있다.
부분이 아니라 전체가,
고개만 살짝 돌리는 게 아니라
몸통 전체가 바뀌어야 하는 것이라
쉽지 않을뿐더러 힘들고 불편하다.
단순한 변화가 아니라 좀 더
근본적이고 큰 변화를 의미한다.
'환換'에는 손을 의미하는
글자가 들어있다. 직접 행동하고,
직접 조작한다는 의미이다.
전환은 관념이 아니라 실제 세계에서
몸을 움직여 지금까지의 삶 전체를
통으로 바꾸는 것을 의미한다.

천정환

성균관대 국어국문학과 교수로 부산 출생이다. 한국 현대 문화사와 문학사를 연구하며 독서사, 잡지, 스포츠 민족주의, 자살, 대중지성, 검열 등 다방면의 주제에 관한 방대한 책을 써왔다. 최근작은 『숭배 애도 적대- 자살과 한국의 죽음 정치에 대한 7편의 하드보일드 에세이』이다.

반년, 12월 3일부터
6월 3일까지
: 어두움과 '전환'의 희망과

트라우마 : 12월 3일

너무 많은 일을 겪었다. 돌아보면 여전히 현훈이다. 지난해 12월 3일 그 밤으로부터 6월 4일까지 딱 6개월의 과정 말이다. 그 사이에 우리는 험악한 한국 현대사가 응축해놓은 모순의 심연과 '나락', 천당과 같이 있는 지옥을 경험하고 겨우 악몽에서 깨어 나오는 듯하다. 지금 그에 관해 글을 쓰고 있는 한 사람의 소시민으로서, 스스로 제정신인 게 다행이라는 생각이 들 정도다.

계엄이 성공했다면 어떻게 됐을까? 크게 볼 것도 없이 이런 글쓰기 자체가 가능했을까? "계엄사령관 육군대장 박안수"가 12월 3일 밤 11시에 발포한 포고령에 의하면 "가짜 뉴스, 여론조작, 허위 선동을 금"하고 "모든 언론과 출판은 계엄사의 통제를 받는다"고 했다. 아크는 무사히 이번 호를 발간할 수 있었을까? 1979년 박정희가 죽고 비상계엄이 실시되고 1980년 5월 17일 신군부가 비상계엄을 확대했던 그때, 한국의 모든 매체의 담당자들은 계엄사 사무실에 조판된 원고를 들고 다니면서 군인들과 중앙정보부 요원 등에게 검사를 받았다. 계엄사령부 검열자들은 1979년 10월 27일부터 1981년 1월 24일까지 277,906건의 매체의 기사를 검열해 11,033건을 전면 삭제하고 16,025건을 부분 삭제했다. 하루 평균 610건씩 검열해 60건을 전면 또는 부분 삭제했다. 5·18 민주화운동 관련 내용이 보도된 1980년 5월 19일부터 6월 4일까지는 하루 평균 814건을 검열해 114건을 전체·부분 삭제했다.[1] 또 1980년 여름에는 15개의 주간지와 104개의 월간지, 16개 계간지 등 총 172종의 잡지가 '발행 취소' 당했다. 『문학과 지성』, 『뿌리깊은 나무』, 『창작과 비평』 등이 하루 아침에 사라졌다. 윤석열의 계엄사 군인은 『아크』를 어떻게 생각했을까? 우리는 어디에 있었을까?

1979년 10월 부산의 초등학생이었던 나는 온천장과 부산대로 가는 길목 곳곳에 탱크가 서 있던 광경을 기억한다. 얼룩무늬 군복을 입은 군인들이 M16 소총을 들고 그 앞을 지키던, 텔레비

---

[1] 이민규, 「신군부와 언론 검열」, 『신문과 방송』, 2020년 4·5월호 (2회 연재).

전과 영화 같은 데서만 보던 비현실적이고 마음 두근거리게 하던 풍경이 기억난다. 그해 10월 부산·마산에서의 항쟁은 다행인지 불행인지, 전 시민적인 항쟁으로 불붙지 않고 사흘 만에 잦아들어 피 흘린 사람들도 많지는 않았다. 하지만 그 일은 곧 광주에서 엄청난 피 흘림으로 이어지게 되었다.

모두 직접 겪지는 못했다 해도 수많은 시민들은 계엄과 독재에 대한 트라우마를 갖고 있다. 그리고 그것을 헤쳐 나온 사람들의 피와 눈물, 그리고 세월의 무게를 어깨에 얹고 있다. 권력이 군대를 동원하여 사람을 죽이고 의회와 정치가 중단되고, 모든 사람이 숨죽이며 말하고 글쓰기를 통제받고 스스로 검열하는 그런 일의 무게 말이다.

그런데 우리는 12월 3일 밤, 헬기가 세계에서 가장 부유하고 안전하고 자유로운 도시의 하나라는 서울의 상공을 가로질러 중무장한 특수부대 장병들을 국회의사당 마당에 내려놓는 장면을 생중계로 보았다. 이 광경은 오랜 트라우마가 될 것이며, 소위 'K-민주주의'와 한국의 정체성에 이미 큰 상처가 될 수밖에 없다. 우리는 그것을 일단 이겨냈다. 가장 먼저는 그날 밤 국회의사당에 달려가서 맨몸으로 계엄군과 맞서고, 또 4월 4일 헌법재판소가 윤석열을 파면한 그날까지 싸운 사람들의 공로다. 그래서 외신은 '한국 민주주의의 놀라운 회복력 Korea's remarkable democratic resilience'이라 했지만, 우리가 이 깊은 상처를 진짜 극복할 수 있을까? 6월 4일의 결과로 우리는 완전히 회복될까?

'극우화'

12월 3일 이후 우리는 윤석열에게 '계몽'되어, '평화적인 계엄'이니 '반국가 세력의 위협'이니 하는 터무니 없는 거짓말이나 '개소리'[2]를 복창하는 많은 익숙한 늙은이들과 철없는 몇몇 청년들을 보았다. 그리고 그들을 이용해서 권력과 부를 누리려는 관료와 법기술자 엘리트 카르텔을 보았다. 그들은 민주주의를 파괴하고 '보수' 정치를 극우의 이념과 행태로 뒤덮으려 했다. 사회과학자들은 그런 일을 '극우화'라 부른다.

  나는 불행히도(?) 직장 출퇴근길이 광화문과 헌법재판소가 있는 안국동 쪽에 걸쳐 있다. '극우화'의 바이러스가 얼마나 무서운지, 탄핵 선고가 임박해졌을 때는 출퇴근 때마다 헌재 앞에 모인 집회 시위자들의 다양한 난동과 패악을 라이브로 보고 들었다. 일부 언론에서도 이에 대해 보도했지만 라이브의 '바이브'는 사뭇 달랐다. 그 집회는 매주 토요일에 열린 '광화문파'와 '여의

---

[2] 미국 프린스턴대학교의 윤리철학자 해리 프랭크퍼트는 *On Bullshit*(국역본 제목 『개소리에 대하여』, 김재희 옮김, 필로소픽, 2023)에서 "새빨간 거짓말이라고 하기엔 좀 부족하고, 단순한 헛소리라고 하기엔 화자의 교묘한 의도가 숨겨진 말을 '개소리'"라 불렀다.

도파' 개신교 중심 예배 형식의 극우 집회와 다른 또 다른 '찐'이었다. 집회의 참가자들은 대략 50대 이상의 장노년들이다. 무단 횡단, 쓰레기 배출, 방뇨, 광기 어린 몸짓과 고성이라는 말로 표현하기에 매우 부족한 괴성과 악다구니 그리고 그것과 조응하는 "빨갱이는 죽여도 돼" "중국 공산당 OUT" "유혈 혁명" 운운하는 문자가 적힌 손팻말과 헌재 재판관들을 인신공격하는 조야한 그림들, 그걸 걸치거나 쉼 없이 외치고 흔들어대는 광기 어린 눈빛과 패션을 대하면 '혐오 지옥'이 바로 여긴가 싶다.

극우화의 배경

그런 광기 어린 열정과 폭력성, 후안무치는 흥미로운 인류학적 현상이며 그 자체로 해석되고 사회적으로 치유해야 할 현상이다. 그들은 이번에 음모론·뉴라이트식 역사관에다, '이 세상' 규범보다 '저 세상' 하나님에 대한 믿음을 칵테일하고, 뭔가 자기들이 이루거나 가졌다고 생각하는 것윤석열 정권?을 빼앗겨 억울해하는 마음Stop the Steal으로 무장하고 거리에 나왔었다. 극우와 개신교 보수를 연구해온 김진호 목사의 말대로 그들은 일반적인 사회인들이 믿는 합리성·상식·규범 따위를 다 넘어서 있다. 12.3 이후의 내란이 그들이 '서부 자유 운동'이라 부르는 서

부지법 폭동 외에 또 다른 큰 소요 없이 끝난 것은 다행이라 해야 할지도 모른다. 사랑제일교회 전광훈 목사와 국민의힘 의원 중 일부, 그리고 전두환의 아들 같은 이들이 '순교하라'고, 피 흘려 국법에 저항하라고 선동한 일을 생각하면 그렇다.

폭력성과 종파성, 반사회성 때문에 수많은 시민들의 거부감을 불러일으키고 헌재의 파면으로 일단 잠잠해졌지만 '극우화'는 여전히 한국 민주주의에 대한 큰 위협이다. 2025년 4월 2일 치러진 구로구청장 보궐 선거에서 국민의힘이 후보를 내지 않은 가운데 전광훈의 자유통일당 후보가 32%나 득표했다. '보수'의 공백을 극우가 파고들거나 대체할 수 있다는 사례다. 6월의 대통령 선거 국민의힘 대통령 후보였던 김문수가 2020년 3월 전광훈과 함께 자유통일당을 창당했던 인물이고, 윤석열 세력이 여전히 국민의힘을 좌지우지하고 있다는 점은 중요하다.

정치와 종교가 한국의 극우화를 선도해왔다. 그것은 소외된 계층의 사회적 지위와 불안을 파고든다. 신천지신천지예수교 증거장막성전와 사랑제일교회는 각각 청년층과 노년층에 영향력을 확대해왔다. 2000년대 이후 강남 거주자 같은 상층계급에 근거한 기성 개신교단의 '웰빙 보수주의'가 끌어들이지 못하는 "하층계급 청년들은 신천지 같은 신흥 소종파로 이탈했고, 하층계급 노년층은 전 목사가 흡수했다."3 극우화의 세계적인 물결과 포스트 신자유주의 경제체제 하의 사회적 불안과 분노가 깊은 관계가 있다는 것은 잘 알려져 있다. 윤석열의 내란은 가깝게는 '정치의 사법화'의 막장에서 그리고 크게는 더 깊은 양극화로 악화된 사회경제적 상황과 미국 단극 구조의 세계질서의 변화와 달라진 동아시아 지정학4 등이 야기하는 '복합 위기'를 배경으로 터져 나왔다. 글로벌하고 복합적인 위기를 적실하게 다룰 정치적 능력이 어디에도 부재한 현실이 아둔하고 권위주의적인 폭군에 의한 내란의 배경이 되었다.

전환의 필요

그래서 이 사회에 필요한 것은 총체적인 '전환'이다. 기후 위기론에서부터 번져 나온 이 말은 오늘날 사회정책과 사회운동의 중심 의제로 떠올랐다. 그것은 이윤과 소비 중심의 사회로부

---

3 고한솔, 김채운. "삶에서 좌절한 하층계급, 개신교 극우세력에 포섭: 민주주의 위협하는 한국의 극우, 인터뷰: 김진호 제3시대그리스도교연구소 이사" 《한겨레》, 2025.1.21.

4 차태서, 『30년의 위기: 탈단극 시대 미국과 세계질서』, 성균관대학교출판부, 2024. 등을 참조

터 사회 생태적 재생산에 근거를 두고 "존엄과 평등을 위한 상호의존과 돌봄의 관계"[5]로 사회를 바꾸자는 체제 전환system transition이라는 말로 요약된다. 이번 내란 정국에서 한국 사회에서 필요한 '전환'은 '사회 대개혁'이라는 명제로 대유되었고, 응원봉/촛불 시위에서의 주체성과 신체성으로 표현되었다.

그러니까 지난 6개월간 본 것은 절망과 어두움만은 아니었다. 또 시민의 한 사람으로서, 그리고 대학에서 현대 문화정치사를 연구하고 가르치는 입장에서 인식과 상상의 지평을 좋은 의미에서 초월하는 순간들도 자랑스럽고 뿌듯하게 목격했다.

그 가장 처음은 12월 3일의 밤과 4일의 새벽이다. 계엄군에 의해 국회가 불법적으로 봉쇄되려던 절체절명의 순간, 여의도로 달려간 수천 명의 시민들이 그것을 막았다. "12.3 비상계엄 현장을 목격한 모두의 기억을 채록하는 그날까지"를 모토로 내세운 유튜브 KBS의 유튜브 채널https://www.youtube.com/@KBS1203/videos 〈그날 그곳에 있었습니다〉에 그 밤의 증언들이 채록돼 있는데, 그들은 노동자, 학생, 자영업자, 연구자, 교수 등 다양하다. 한국의 평범한 사람들인 그들은 평범한 자기 일상의 한밤에 틈입한 계엄령의 공포와 또 그것을 극복한 의무감과 용기에 대해 찬찬히 이야기해준다. 거기에는 '나섬'의 철학과 역사가 담겨있

---

[5] 체제전환운동 조직위원회, https://www.gosystemchange.kr.

다. 인간이란 존재는 어떤 때 이기주의와 자기보존의 본능을 이기고 타인과 공동체를 위해, 올바른 것을 위해 모든 것을 감당하려 하는가? 그리고 역사적으로 한반도 거주자들의 일부는 저 3.1운동에서부터 5.18과 6.10 같은 항쟁의 역사를 계승해왔다.

다만세와 남태령에서의 '전환'

12월 3일 밤이 지나자 훨씬 더 많은 사람들이 거리로 나와 2024년 12월 4일부터 광화문과 여의도에, 그리고 전국의 광장에 모였다. 12월 14일에는 여의도를 둘러싼 100만 명의 사람들이 직접 지켜보는 가운데 탄핵 소추안이 가결되었다. 오후 5시경 우원식 국회의장이 탄핵 소추 가결을 선포한 순간에 〈다만세〉가 터져 나왔다. 2016년 이화여대 학생들의 교내 투쟁에서 처음 불리기 시작하여 태국 등 외국의 민주화 시위에서도 불렸다던 이 노래가, 모든 시민 집회에서 가장 중요한, 〈임을 위한 행진곡〉급의 노래가 된 순간이었다. 〈다만세〉에는 1980년 5.18 광주항쟁을 배경으로 한 〈임을 위한 행진곡〉에서와 같은 선구자적 사명감과 비장함은 전혀 담겨있지 않고, 대신 '나'의 성장과 세계의 연결이 담겨 있다. 그렇게 한국 문화사를 바꾼, 또 그것을 집약·응축한 광장의 문화정치사가 밝고도 젊게 또 바뀌었다.

그러고는 남태령. 2024년 12월 21일 밤부터 22일 저녁까지 서울 전철 4호선 남태령역 인근에서 경찰의 전국농민회연합 '전봉준 투쟁단'에 대한 봉쇄에 대응한 '남태령 투쟁'이 벌어졌다. 여기에서도 주도가 된 젊은 여성들과 시민들은 경찰에 의해 고립된 '전봉준 투쟁단'을 지키고 연대했다. 이들은 추위와 밤샘 피로를 견디며, 새로운 민주주의 투쟁의 주체로서 스스로를 증명하고 또 확고히 인정받았다. 다음날 아침까지 이어진 즉석 집회에서 여성들과 퀴어 시민들의 정치적·문화적 표현도 분출했다. 예컨대 오래된 〈농민가〉의 가사 "춤추며 싸우는 형제들 있다"는 사회자의 제안으로 "춤추며 싸우는 우리들 있다"로 즉석 개사되었다. 또한 커밍아웃성 발언과 함께 소수자 연대에 대한 결의의 변이 이어졌다. '남녀노소'가 아니라 '젠더노소'라는 말도 사용되었다.

수많은 다른 시민들도 직접 현장에 달려가거나 인터넷 실시간 중계를 보며 전농·전여농 등에 성금을 기부하거나 셀 수 없이 많은 방한용품과 음식을 현장에 보냈다. 이로써 2024~25년의 시민의 저항은 '참여·응원'에서 '연대·항쟁'으로 완전히 전화했으며, '윤석열 탄핵'을 넘어서는 확장된 의미를 획득했다. "성소수자, 이주민, 여성 농부, 노동운동가, 비정규직 노동자, 도시 빈민, 학교 밖 청소년 등 다양한 사회적 약자들이 밤새 마이크를 잡았"으며 이들은 고故 백남기 농민뿐 아니라, "육군 강제 전역

처분을 당하고 이듬해 세상을 떠난 고 변희수 하사, 2016년 강남역 살인사건의 피해자, 2022년 이태원 참사 희생자들을 차례로 호명했다."⁶ 그 같은 연대의 원칙은 남태령 집회에서 한 여성에 의해 다음과 같이 발화되었다.

"소수자를 탄압하는 권력은 반드시 모두를 탄압하게 되어 있습니다. / 장애인을 휠체어에서 끌어내린 권력, 대학원생 입을 틀어막는 권력, 성소수자 차별은 마땅하다는 권력, 그리고 트랙터를 막아서는 권력은 결국 우리 모두를 향하게 되어 있습니다. (박수) 그래서 소수자를 지키는 것이 모두를 지키는 것입니다. 남들과 연대하는 것이 스스로를 지키는 것입니다. (환호와 박수) 이 사실을 오늘 남태령에 있었던 우리는 진심으로 느꼈을 것입니다. 그리고 저를 포함해서 우리 모두, 오늘이 지난 다음에도 내일에도 모레도 우리의 삶이 반드시 연결되어 있다는 것을 잊지 맙시다. (박수)"⁷

---

6 박지윤, "남태령 넘고 '행동파'로 각성한 청년여성⋯'누구도 그들 막을 수 없을 것'",《한국일보》, 2024.12.29.

7 "Vlog | 광화문에서 남태령까지 18시간 시위하는 브이로그 | 밤샘 시위 | 철야 시위 | 남태령 브이로그," YouTube, https://youtu.be/wFMoXD-pnQb8?si=CB-g0KOC-tDtz7lu.

그 젊은 시민들은 그전에 '노땅'과 '좌빨' 이미지에 갇혀있던 전농과 민주노총에 대한 지지, 지원 등으로 '연대'를 폭발시켰다. 이러한 연대의 상호·상승 작용이야말로 '대첩'이자 길을 여는 시작이었다.8

사실 이 같은 연대와 '전환'의 '남태령'은 부산에서도 있었다. 온천장의 '노래방 도우미'를 자처한 김유진가명 씨는 2024년 12월 11일 부산 집회에서 명연설을 하여 하나의 상징이 되었다. '엑스X·옛 트위터'에서 이 영상 조회 수는 500만 회를 훌쩍 넘겼고 유튜브의 주요 채널에서도 수만, 수십만 조회수를 기록했다.9

그는 "우리 주변의 소외된 이들에게 관심을 주십시오. 더불어 민주주의에 관심을 가져주십시오. 오로지 여러분의 관심만이 약자들을 살려낼 수 있습니다" "쿠팡에서는 노동자들이 죽어가고 있습니다. 파주 용주골에선 재개발의 명목으로 창녀들의 삶의 터전이 파괴당하고 있습니다"라고 외쳤다. 김유진 씨의 말 한마디 한마디는 이 시대와 민주주의의 의미를 꿰뚫고 있었다. 가난하지만 가난하지 않고 소외되었지만 연대에 나선, 젊고 똑

---

8   신다은, "10인 10색 '남태령 대첩' 출전 동기 '우리가 서로에게 이렇게 따뜻할 수 있구나, 계속 눈물이 났어요'," 《한겨레21》, 2024.12.29.

9   손고운, "'500만 조회' 부산 집회 여성 '변희수 하사님 돌아가셨을 때 너무 가슴 아팠다': 부산 카페서 대면 인터뷰," 《한겨레21》, 2024.12.21.

똑한 시민들은 계엄과 내란의 어두움 속에서도 빛을 찾아내고 또 스스로 빛이 되어 윤석열이 치려던 장막을 찢어버린 희망이고 힘이었다.

갈래길

한국 사회가 처한 어떤 한계가 12월 3일의 계엄과 극우화를 불렀고, 또 그에 대한 강력한 저항은 그것을 멈춰세웠다. 그러니 누구도 세상이 이대로 멈춰있기를 원하지 않는다. 윤석열과 극우는 자유민주주의의 거추장스러운 장치와 '정치'의 절차를 걷어치우고, 한편으로 국가폭력과 법 폭력에 다른 한편으로 음모론과 혐오에 의지했다. 두려움이 많고 약한 그들은 하나님을 외치면서, 암흑의 길로 퇴보하자고 사람들을 미혹했다. 거기 당차게 맞섰던 사랑과 연대의 힘은 혐오와 폭력보다는 강했지만, 아직은 어디로 갈지 잘 모른다.

창밖에서 선거 유세 소리가 시끄럽다. 대통령선거를 치르고 새 정권이 들어서면 이 사회가 달라질까? 어떻게 달라질까? 우리는 2017년 이미 경험을 했다. '촛불정부'를 자처했지만 더없이 무능했던 문재인 정부가 윤석열을 낳고 길렀던 뼈아픈 경험을 기억하고 있다.

기후 위기도 인구절벽도 지방소멸도 모두 급하고 큰 문제지만, 하나하나 '실효적으로' 문제를 해결하는 수밖에 없다. 그것을 차곡차곡 쌓을 때 '전환'이 이뤄질 것이고, 아니라면 12.3 보다 더 간교하고 암담한 일을 또 맞게 될지 모른다. '전환'이라는 말은 모호하고 또 무척 크지만, 이름 없고 목소리 없는 소수자들의 목소리 안에 구체적인 힌트가 있다고 믿는다.

이 사회에 필요한 것은
총체적인 '전환'이다.
기후 위기론에서부터 번져 나온
이 말은 오늘날 사회정책과
사회운동의 중심 의제로 떠올랐다.
그것은 이윤과 소비 중심의 사회로부터
사회 생태적 재생산에 근거를 두고
"존엄과 평등을 위한 상호의존과
돌봄의 관계"로 사회를 바꾸자는
체제 전환 system transition
이라는 말로 요약된다.

김종기

철학자·미학자이자 미술비평가. 베를린 훔볼트대학교에서 미학 및 사회철학으로 철학박사 학위를 받은 후, 부산대학교에서 학생들을 가르쳤고, 현재는 부산교육대학교에서 대학원생들을 가르치고 있다. 부산미학연구회 회장, 민주주의사회연구소 부소장을 역임했으며, 부산의 여러 사회단체에서 '미학', '마르크스 철학'. '니체 철학' 등으로 시민 강좌를 진행했다. 2018년에서 2023년까지 6년간 민주공원 관장을 역임했으며, 2024년 10월부터 부마민주항쟁기념재단 상임이사를 맡고 있다. 2015년부터 현재까지 '상지인문학아카데미'에서 시민들을 대상으로 미학을 가르치고 있다. 여러 지면을 통해 미술 비평과 미술 및 미학 관련 글을 기고하고 있다.

욕망이 진실을 대체하는 시대, 예술은 무엇을 할 수 있는가?

진실의 붕괴, 시대의 전환

전체주의 정권은 언제나 언어를 지배하고 감각을 통제함으로써 현실에 대한 해석을 독점해 왔다. 나치 독일의 선전장관 요제프 괴벨스는 이를 극단적으로 실현한 인물이었다. 그는 선전의 목적을 '사실의 전달'보다 '대중의 설득'에 두고, 대도시뿐 아니라 전국에 걸쳐 라디오 및 확성기를 통해 국민들이 일상 속에서 반복적으로 총통의 연설과 나치 이념에 노출되도록 만들었다. 괴벨스는 또한 광장, 공장, 학교, 거리, 카페, 전철역 등 사람들이 모이는 공공장소에 확성기를 설치해 라디오 방송을 재송출했다. 개인의 생각과 감각은 끊임없는 선전의 소음에 잠식되었고, 그 결과 사람들은 '자신이 본 것'보다 '권력이 말하는 것'을 믿도록 길들여졌다. 이는 언어를 통한 감각의 식민화이며, 전체주의가 감각의 정치학을 통해 인간 주체를 어떻게 재편하는지를 보여주는 대표적 사례다.

놀랍게도 이러한 감각 통제는 21세기에도 새로운 형태로 반복되고 있다. 2018년 7월 24일, 도널드 트럼프 미국 대통령은 미주리주 캔자스시티에서 열린 재향군인회의 한 연설에서 "여러분이 보고 듣는 것은 실제로 일어나고 있는 일이 아닙니다"라고 말했다. 이 발언은 조지 오웰의 소설 『1984』를 떠올리게 한다. 오웰이 가상으로 만든 디스토피아의 세계에서 전체주의 권력의 다른 이름으로서 당은 말한다. "당은 당신의 눈과 귀로 본 증거를 부정하라고 명령했다. 그것이 가장 마지막이며 가장 본질적인 명령이었다." 이 말은 개인이 직접 경험한 현실보다 권력이 말하는 것이 진실이라는 의미이다.

이 말의 무서움은 단순한 사실에 대한 불신이 아니라, 감각 자체에 대한 불신을 조장한다는 데 있다. 현실을 직접 목격해도, 권력이 말하는 것이 진실이 되는 세계. 트럼프의 언어는 어느 정도 감추어져 있었던, 새로운 현실의 문을 노골적으로 열었다. 오웰의 '뉴스피크Newspeak, 新語'가 단어와 개념을 줄여 비판적 사고를 제거했듯, 트럼프는 '가짜 뉴스fake news', '인민의 적the enemy of the people' 등의 말을 반복하며 언어의 기반 자체를 무너뜨렸다.

트럼프의 발언은 "당신이 직접 본 뉴스나 현실은 사실이 아니며, 내가 말하는 것이 진실이다"라는 주장과 동일하다. 이 구조야말로 전체주의적 진실 통제의 전형이다. 트럼프는 언론과 사실을 불신하게 만들며, '감각할 수 있는 것의 범위'를 정치적으로 재구성하려 했다. 이것은 단지 정보의 왜곡을 넘어서, 감각 자체를 구성하는 언어의 지배 구조를 노골적으로 드러낸 것이다. 전체주의가 물리적 억압을 넘어서 감각의 질서를 재편하고, 누가 무엇을 느낄 수 있는지를 선별하는 구조적 통치 기술로 작동한다는 점에서, 트럼프 시대의 탈진실Post-truth, 포스트진실 정치는 현대판 '감각의 전체주의'라고 할 수 있다.

트럼프의 연설은 오웰이 경고한 전체주의의 고전적 수법과 구조적으로 유사하다. 현실의 감각을 부정하고, 언어를 재정의하며 진실을 권력에 종속시키는 방식은 현대 민주주의 사회에서 '탈진실 정치'로 변화된 정치 사회적 상황을 보여준다.

트럼프의 등장 이후, 이전보다 더 노골적으로 진실보다 감정과 욕망이 우선시 되는 시대가 도래했다. 트럼프의 백악관 고문이었던 켈리앤 콘웨이Kellyanne Conway는 "우리에겐 사실fact 말고도 대체 가능한 진실이 있다"고 말한다. 진실은 더 이상 사실에 의존하지 않는다. 그것은 감정에 의해, 욕망에 의해 조립된다. 트럼프는 사람들을 사실로 설득하지 않았고, 또한 사람들은 그를 통해 자신이 보고 싶은 세계를 보았다. 이를 라캉적 의미로써 말한다면, "진실은 타자의 욕망에 의해 재구성된다"라는 것이다. 이는 현재 한국의 상황과도 별반 다르지 않다.

전환의 시대: 신자유주의 세계화의 균열, 혹은 새로운 얼굴

트럼프 현상의 문제점은 그가 시초가 아니라 결과라는 점에 있다. 트럼프는 미국 사회에서 장기 누적된 불평등, 인종적 적대, 반지성주의의 총합이다. 그는 사실을 말하지 않고, 비이성적으로 왜곡되어 신념처럼 되어버린, '공감되는 감정'을 전달하며 지지를 획득하고자 한다. 이로써 진실은 설득의 도구로서의 능력을 잃어버렸고, 비이성적 욕망에 기초한 신념에 자리를 내주었다.

트럼프의 당선2017과 재집권2025은 '신자유주의 세계화'의 해체 또는 파편화를 초래했다. 다만 이는 신자유주의 세계화의 종말이 아니라, 기존의 자유무역과 다자주의에 기반한 질서가 국가 중심의 보호주의와 권위주의적 재편으로 변형되는 과정이다.

트럼프는 신자유주의를 뒷받침하는 WTO 체제를 무력화시키고자 한다. 그는 전 세계의 주요 교역국에 대한 관세 전쟁을 통해 전통적인 자유무역 질서를 정면으로 거부하면서 보호주를 강화하고 있다. 이는 미국 스스로가 주도해온 신자유주의 세계화의 핵심 원칙을 근본에서 뒤흔드는 조치다. 트럼프는 다자간 협정보다 양자 협상과 거래 중심의 접근을 통해, 기존의 국제 협력을 약화시키거나 무력화시키고자 한다. 트럼프는 미국 우선주의America First, 더 구체적으로 미국 중심의 일방주의를 통해 국가 주권과 경제적 자립을 강조한다. 이는 국가 중심의 경제 재편을 의미하며, 동시에 그의 권위주의적 통치 방식과 어울려 민주주의적 가치를 전방위적으로 위협하는 양상을 보이고 있다.

그러나 이러한 트럼프의 정책이 야기하는 변화는 신자유주의 세계화의 종말이라기보다는 변형을 의미한다고 보아야 한다. 왜냐하면 이 변화는 기존의 자유무역과 다자주의에 기반한 질서가 국가 중심의 보호주의와 권위주의적 재편으로 변형되는 과정이기 때문이다. 이는 세계화의 새로운 형태로서 권위주의적 국가자본주의나 블록화된 지역주의로 전환을 시사한다. 트럼프는 미국 우선주의의 바탕 위에서 반세계화, 반이민, 산업 보호주의를 내세웠다. 미국은 세계화를 설계했던 국가였지만, 이제 세계화를 해체하고 파편화시키는 선두에 서 있다.

그런데 트럼프와 전혀 다른 측면에서 세계화를 거스르는 흐름이 있었다. 무엇보다 2008년 글로벌 금융위기가 그것이다. 이는 월스트리트를 중심으로 한 금융세계화 시스템의 구조적 모순이 드러난 사건이었다. 또한 2011년 월가 점령 운동은 신자유주의 경제 질서에 대한 시민 저항의 전지구적 확산 운동이었다. 이에 더해 2019년에 발생한 코로나 팬데믹은 글로벌 공급망의 붕괴, 국가주의적 백신 정책, 각 국가의 자급자족 회귀 등 세계화에 역행하는 국가적 행위를 발생시켰다. 또한 2022년부터 시작된 러시아의 우크라이나 침공은 냉전 이후 단일한 세계 질서의 붕괴, 그리고 서방과 반서방이라는 블록화를 가속시키고 있고 2023년부터 이어지고 있는 미국과 중국의 기술 전쟁은 신자유주의 세계화가 기술·데이터·자원을 기반으로 지정학적으로 파편화되고 있다는 것을 보여준다. 우리는 지금 다국적이고 파편화된 지구 질서를 새롭게 조정하는 시기에 접어들었다.

다시 말해 트럼프는 다음의 방식으로 신자유주의 세계화의 균열을 가시화했다. 첫째, 다자주의와 자유무역을 거부하고 국가 중심의 보호주의로 복귀하면서 양자 협상을 통한 미국 우선주의를 노골화한다. 둘째, 글로벌 공급망을 붕괴시키고, 자원 자립, 데이터 안보, 기술 주권을 강조한다. 셋째, 진실과 보편적 가치를 해체하고, 가짜 뉴스와 거짓말을 통해 '탈진실post-truth'의 정치를 감행한다.

이는 단순한 세계화의 종말이 아니라, 세계화의 정치·경제·미학적 조건들이 전환되는 국면이라 하겠다. 이에 따라 우리는 새로운 세계화Neo-globalization, Re-globalization의 방향과 그에 대한 비판적, 대항적 실천을 모색해야 한다.

트럼프의 등장은 단지 한 명의 정치인의 반란이 아니다. 그것은 미국 사회, 아니 전 세계의 흐름이 전환점에 접어들었다는 징후다. 이는 단지 경제 전략이 아니라, 세계를 바라보는 감각의 틀 자체를 바꾸는 일이다. 이것은 종말이 아니라, 전환이다. 세계화는 더 얇아졌고, 더 파편화되었으며, 더 정치적으로 재편되고 있다. 트럼프는 이 전환의 아이콘이며, 동시에 그 산물이다.

전환기의 문화적 단면 : 감정의 정치와 알고리즘 사회

트럼프를 가능하게 만든 힘은 어디서 왔는가? 그것은 첫째, 미디어 구조의 변화이다. 트위터, 밈, 유튜브 중심으로 퍼지는 새로운 미디어는 성찰과 비판적 사고를 가능하게 하는 깊이를 소멸시킨다. 또한 플랫폼 알고리즘Platform Algorithms은 유튜브, 인스타그램, 트위터, 틱톡, 쿠팡, 네이버 등의 디지털 플랫폼을 통해 사용자의 활동, 선호, 상호작용 데이터를 분석해 콘텐츠, 상품, 정보 등을 자동으로 추천하거나 노출한다. 이러한 플랫폼의 작동원리는 오늘날 사회, 정치, 문화에 광범위한 영향을 미치는 기술적 장치가 되었다.

둘째, 플랫폼 알고리즘이다. 사용자의 '클릭', '검색', '좋아요', '시청 시간', '위치', '소셜 관계' 등 다양한 데이터를 수집·분석하는 데이터 기반 시스템과 사용자별 맞춤 추천은 '개인화된' 정보 흐름을 구성한다. 이는 엘리 파리저Eli Pariser가 제시한 필터 버블Filter Bubble 현상을 야기한다. 이것은 인터넷과 플랫폼 알고리즘이 사용자의 이전 검색 기록, 클릭 습관, 관심사, 위치 등을 분석하여 사용자에게 맞춤형 정보만을 제공하면서 점점 더 다양한 정보로부터 고립되는 현상을 말한다. 이는 사람들이 자신의 믿음을 지지하는 정보는 선별적으로 받아들이고, 반대되는 정보는 무시하거나 반박하는 '확증 편향'을 강화시키는 문제를 일으킨다.

셋째, 진실에 대한 무관심이다. 대중은 어떤 사실이 진실이든 아니든 큰 관심이 없다. 그것이 사실이든 아니든 나는 그렇게 느꼈다는 것이 중요하다. 이 느낌은 믿음으로 확고해진다. 20세기 초 세계는 정치적 거짓과 허위의 시대를 맞이했다. 트럼프및 한국을 포함하여 전 세계에서 그와 유사한 정치 행위를 일삼는 권위주의적 정치인들는 단지 거짓말을 하는 정치인이 아니라 진실 그 자체가 더 이상 신뢰받지 않는 세계를 말해주는 증상이다.

정보의 편향과 왜곡은 다르게 생각할 기회를 상실하게 하고, 공론장의 해체를 유발한다. 그 속에서 사람들은 자기 욕망을 강화해주는 정보만 보게 된다. 알고리즘은 '좋은 정보'가 아니라, '잘 팔리는 정보'를 우선시한다. 인터넷 알고리즘에 갇힌 사람들에게는 '진실'보다 '클릭'과 '감정'이 우선하며, 이 때문에 비판적 사고가 약화된다. 사용자 스스로는 자신이 선택한다고 믿지만, 사실상 자신의 선택은 자본의 이윤 논리에 의해 조작당하고 있다. 이로써 개인의 자율성은 심하게 침식된다. 또한 탈진실 정치에서는 분노, 공포, 혐오의 콘텐츠가 더 잘 퍼진다. 따라서 극단주의, 음모론, 가짜 뉴스를 확산시키는 감정 동원 정치가 이루어지는 것이다. 파리저의 말처럼, 사용자는 알고리즘이 선택해 주는 정보의 거품 안에 갇히고 자기 확신을 강화하는 정보만 소비하게 된다.[1] 트럼프와 가짜 뉴스가 욕망과 결합하면서 세계는 공통된 진실의 기반이 붕괴된 세계가 된다.

    이렇게 우리가 마주한 전환은 단순한 정치의 위기가 아니라, 진실과 감각의 해체라는 문명적 전환이다. 이 세계에서 예술은 무엇을 할 수 있을 것인가?

전환기의 예술: 올라퍼 엘리아슨, 진실을 다시 느끼게 하다

앞서 말했듯이, 디지털 시대에서 확증 편향이란 자신의 믿음을 지지하는 정보는 선별적으로 받아들이고, 반대되는 정보는 무시

---

[1] *Eli Pariser, The Filter Bubble*, The Penquin Press, New York, 2011, 7

하거나 반박하는 경향을 의미한다. 이러한 확증 편향이 디지털 시대에 강화되는 요인은 앞서 밝힌 플랫폼 알고리즘, 필터 버블과 함께 에코 챔버Echo chamber 효과를 들 수 있다. 이는 비슷한 생각을 가진 사람끼리 정보를 공유함으로써 같은 신념을 반복, 강화하는 메커니즘으로 마치 다수가 진실인 양 착각하게 만든다. 이 세 구조는 서로 중첩되면서 확증 편향을 가속화하는 자기 강화 메커니즘을 형성한다.

그 정치적 결과는 양극화의 심화이다. 다시 말해 사회는 합리적 대화가 불가능한 '두 개의 진실 사회'로 나누어진다. 대중은 가짜 뉴스의 확산을 통해 반대 의견보다 자신의 믿음을 강화해주는 거짓에 더 반응한다. 나아가 정체성 정치가 강화된다. 정치적 신념은 더 이 이상 합리적 토론의 대상이 아니라 자기 정체성의 일부가 된다. 정치적 논쟁은 이성의 대결이 아니라, 정체성의 선언과 충돌한다.

이러한 경향이 미학과 예술에서 드러날 때는 다음과 같은 양상이 나타난다. 감상자는 자신의 미적 취향만을 강화하는 콘텐츠만 소비하게 되며, 다른 예술을 만날 기회 자체가 사라진다. 예술도 분할된 감각의 질서 안에서 유통되고 소비됨으로써 일정 정도의 공동체적 요소로서의 공통감각Sensus Communis, 상식이 해체된다.

확증 편향은 단지 정보 소비의 왜곡이 아니라, 감각의 구조

자체가 신념에 봉사하도록 조직된 상태이다. 이때 예술의 과제는 감상자가 이미 믿고 있는 것이 아닌, 감상자의 굳어버린, 고착화된 감각의 구조 자체를 허물고 감상자가 감히 상상하지 못했던 것과의 조우를 가능케 하는 것이 되어야 한다. 이러한 예술은 단순히 새로운 형식을 도입하는 예술이 아니라, 감각의 정치학을 전환시키는 실천, 즉 감각 자체를 다시 배열하는 예술을 의미할 것이다.

이는 바로 자크 랑시에르Jacques Rancière가 감각적인 것의 분할 또는 감각적인 것의 나눔Le Partage du sensible이라는 개념으로써 설명했던 것이다. 단순히 감각을 나눈다는 뜻이 아니라, 사회 내에서 누가 무엇을 볼 수 있고, 들을 수 있고, 말할 수 있고, 느낄 수 있는가를 미리 배치하는 질서를 가리킨다. 예컨대 고대에서는 지배계급과 피지배계급을 분리하는 것은 인간들의 신체를 두 종류의 범주로 나누는 신체의 상징적 분배에 바탕을 두고 있다. 인간들을 그들의 감각 및 지각 능력그리고 그것에 바탕을 둔 이해능력에 따라 두 대립된 범주를 구분하는 것이 '감각적인 것의 나눔'이다. 지배계급은 보는 자들, 로고스를 가진 자들, 말을 하는 자들이라면, 피지배계급은 보지 못하는 자들, 로고스를 가지고 있지 않는 자들, 단지 고통 및 쾌감을 표현하기 위해 분절된 목소리를 흉내 내는 자들이다.

모든 사회는 어떤 것은 볼 수 있고 어떤 것은 보지 못하고, 어떤 것은 말해질 수 있고 어떤 목소리는 들리지 않도록 설계되어 있다. 예를 들어 노동자는 정치적 말하기의 주체로 간주되지 않으며, 여성은 공적 공간에서 침묵해야 할 존재로 여겨지며, 비인간식물, 동물, 자연 등은 감각의 주체가 아니다. 이것이 바로 기존의 감각적인 것의 나눔 또는 분할, 배제의 구조, 곧 감각의 정치다. 랑시에르에 따르면, 이와 같이 기존의 감각적인 것의 나눔의 질서를 확정하고 그에 따라 사회적 몫을 배분하는 것, 그리고 그 과정에서 발생하는 불평등을 확정하는 과정이 '치안Police'이다. 반면, 기존의 감각적인 것의 나눔을 새롭게 재구성, 배치하는 것이 '정치Politics'다. 정치란 기존에 들리지 않던 목소리를 들리게 하고, 보이지 않던 것을 보이게 하는 행위이다. 예술은 감각의 지형을 재구성함으로써 정치적인 것이 된다.

전환의 시대에 예술은 이렇게 감각의 지형을 재구성하는 것, 기존의 감각적인 것의 나눔의 질서를 재배치하는 것이 되어야 한다. 기존의 '감각적인 것의 나눔'은 어떤 사회에서 무엇이 말해질 수 있고, 누가 말할 수 있는지를 미리 결정해버리는 질서다. 이와 관련하여 탈진실의 정치는 사실을 숨기는 것이 아니라, 누가 무엇을 감각할 수 있는지를 미리 설정하는 구조의 문제다. 따라서 예술은 진실을 그저 드러내는 것이 아니라, 감각의 질서를 전복하여 새로운 감각 주체를 만들어야 한다. 예술이 감각의 질서를 재배열할 때 기존에 감각조차 될 수 없었던 진실이 출현하는 것이다.

올라퍼 엘리아슨Olafur Eliasson, 1967-은 감각의 조건 자체를 재구성하여 관람자를 감각 공동체로 끌어올린다. 엘리아슨의 「빙하가 녹는 시리즈 1999/2019The glacier melt series 1999/2019」는 기후 위기를 감각적으로 체화하게 하는 대표적 예술 실천 중 하나다. 이 작품은 1999년과 2019년, 20년 간격을 두고 동일한 각도와 거리에서 아이슬란드 빙하들을 항공 촬영한 서른 쌍의 사진 시리즈로 구성되어 있다. 그는 이 사진을 영국 테이트 모던과 구겐하임 빌바오 등 주요 국제 미술관에서 전시한 바 있다. 그는 이 작품을 통해 20년 사이에 빙하가 얼마나 급격하게 후퇴했는지를 시각적으로 비교하여, 인간 활동이 자연에 미치는 영향을 명확히 보여준다. 엘리아슨은 1999년 처음 빙하를 촬영했을 때, 빙하가 영속적인 자연의 일부라고 느꼈다. 그러나 20년 후 동일한 장소를 다시 촬영하면서, 일부 빙하는 완전히 사라졌고, 어떤 곳은 같은 위치조차 찾기 어려웠다는 사실에 충격을 받았다.

이 작품은 단순한 시각적 기록이 아니라, 관람자가 기후 위기의 실체를 눈으로 보도록 강제하는 감각의 장치라 할 수 있다. 따라서 이 작품은 환경 다큐멘터리가 아니라, 감각의 정치학을 실천한 예술이다. 엘리아슨은 관객이 직접 눈으로 변화를 목격하게 함으로써, 추상적인 기후 변화 개념을 구체적이고 감각적인 경험으로 전환시키고자 한다. 이는 예술이 어떻게 감각의 질서를 전복하고, 관객에게 새로운 인식의 장을 열어줄 수 있는지를 보여주는 작품이다. 이러한 접근은 탈진실의 시대에 예술이 수행해야 할 역할에 대한 깊은 통찰을 제공한다.

전통적 환경미술이 재현적인 기록에 머물러 있다면, 엘리아슨의 이 작품은 감각적 재배열을 통한 체험을 유도하고 있다. 전자가 과학적 정보를 전달하는 데 그친다면, 후자는 감각에 기초한 윤리적 각성을 유도한다. 따라서 전통적 환경 미술에서 관객은 수동적 감상자에 지나지 않는다면, 엘리아슨의 환경 미술에서 관객은 감각의 구성자이자 책임 주체로까지 상승한다. 탈진실 시대에 엘리아슨의 작품들은 진실을 드러내기보다, 감각을 새롭게 배치하여 진실이 느껴지도록 만든다. 다시 말해 객관적 데이터가 한편에서는 무기화되고 다른 한편에서는 무시되는 시대에 그의 연작은 감각에 기반한 느낌과 체험을 통해 공통의 현실을 재구성하려는 예술적 시도다.

다시 트럼프를 언급해 보자. 트럼프의 환경 정책과 엘리아슨의 예술 실천은 극단적으로 대비되는 감각과 정치의 방식을 보여주고 있다. 트럼프의 환경 정책은 단적으로 말해 욕망이 진실을 압도하는 정치이다. 그 핵심 특징은 기후 변화를 부정하는 것이다. 트럼프는 2012년 11월 트위터에서 "지구 온난화라는 개념은 중국이 미국 제조업의 경쟁력을 떨어뜨리기 위해 지어낸 것"이라고 말한 바 있다. 그는 2017년 기후 과학의 정당성과 합의를 전면 거부하면서, 파리기후협정에서 탈퇴했다. 그는 미국 노동자 보호를 명분으로 지구적 공통선을 거부했다. 연방 토지의 에너지 시추 확대, 환경 규제 완화를 통해 미국의 석탄, 석유 산업을 보호하고자 하는 그의 의도는 자본의 단기적 욕망을 국가 이익으로 포장한 것이다. 그는 환경보호청EPA의 기능 축소와 반환경적 인사 기용을 통해 환경보호청을 무력화시키고자 했다. 그 정치적 효과는 감정적 민족주의, 국수주의를 통해 자국의 국민들에게 경제 불안 해소라는 환상을 제공하고자 하는 것이었다. 이것은 진실보다 욕망을 부추기는 이미지와 언설의 정치다. 트럼프가 부추기는 것은 사실보다 믿고 싶은 것이 현실이 되는 시대이다.

이에 반해 엘리아슨이 추구하는 예술은 감각을 통해 진실을 회복하는 예술이다. 「빙하가 녹는 시리즈」가 사라져 가는 빙하의 항공사진을 통해 감각적 충격과 윤리적 각성을 유도하는 것이라면, 「Ice Watch」는 런던, 파리, 코펜하겐에 실제 빙하 덩어리를 설치해 '녹는 시간'을 체험하게 하는 작품이었다. 그는 말한다. "나는 단지 기후 문제를 말하고 싶지 않다. 사람들이 기후를 느끼게 하고 싶다." 그가 추구하는 예술의 정치적 효과는 사실Fact이 아닌, 감각Sensation을 통한 진실 구성이었다. 기후 변화라는 '비가시적인 것'을 가시화하면서, 진실을 말하기보다 감각의 지평을 '전환'시키는 것이었다.

트럼프가 처음 당선된 날, 엘리아슨은 다음과 같이 말했다. "예술가로서 나는 우리 문화 예술계가 다양한 국적의 사람들그리고 어제 드러났듯이 많은 미국인이 그들의 사회 구조에 대해 느끼는 좌절감을 충분히 다루지 못했다는 점을 깨닫습니다. 그 안에는 깊은 분노와 회의가 있습니다. 트럼프는 이러한 분노의 크기를 파악했고, 놀랍게도 그것을 반영함으로써 일종의 희망을 제시하는 듯 보였던 것 같습니다. 물론 그 방식은 분열을 조장하는 포퓰리즘적 수사였으며, 명백히 인종차별적이고 여성혐오적인 표현들이었습니다."[2] 트럼프가 인간의 욕망을 부추겨 진실을 가릴 때, 엘리아슨의 작품은 욕망이 진실을 대체하는 시대에 예술의 역할을 보여주고 있다. 이를 통해 그는 욕망의 충족을 위해 진실이 가려지는 곳에서 감각의 전환을 통해 진실을 드러내고, 해체되는 공통세계를 재구성하고자 한다. 트럼프의 정치가 몰이성에 기초한 감정의 정치라면, 엘리아슨의 미술은 감각에 기초한 진실의 정치라 하겠다.

---

2 The Art Newspaper, "Artists express dismay at Donald Trump's US election victory", 2016.11.9.

트럼프의 등장은
단지 한 명의 정치인의
반란이 아니다.
그것은 미국 사회, 아니,
전 세계의 흐름이
전환점에 접어들었다는 징후다.
이는 단지 경제 전략이 아니라,
세계를 바라보는 감각의 틀
자체를 바꾸는 일이다.
이것은 종말이 아니라, 전환이다.
세계화는 더 얇아졌고,
더 파편화되었으며,
더 정치적으로 재편되고 있다.
트럼프는 이 전환의 아이콘이며,
동시에 그 산물이다.

이성철

창원대학교 사회학과 교수이며, 산업 및 노동사회학을 가르치고 있다. 산업 문제를 문화의 시각에서 바라보려는 관심으로 여러 논문과 단행본을 썼다. 대표적인 저서로 『영화가 노동을 만났을 때』 『안토니오 그람시와 문화정치의 지형학』 『노동자계급과 문화실천』 『경남지역 영화사』가 있다.

인상파와 그림의 전환

성경의 "해 아래 새로운 것은 없다"라는 구절이나 고대 그리스부터 시작된 "만물은 흐른다"는 말들은 모두 현 상태를 바꿔보려는 움직임, 즉 전환을 나타내는 금언들이다. 영어권에서는 『주역』을 *Social Change* 또는 *Change*로 번역한다. 모두 사회나 만물의 전환을 일컫는 동서양의 오래된 통찰이다. 이러한 전환은 어떻게 오는가? 혁명 등의 급격한 상황에서는 마치 '기동전'처럼 한순간에 몰아닥칠 수도 있다. 그러나 일상에서의 전환은 '도둑처럼 찾아온다.' 이 말을 도둑의 입장에서 생각해 본다. 도둑은 자신이 처할 수도 있는 위험한 상황을 항상 염두에 두고 행동한다. 그래서 자신의 일에 성誠, 용勇, 의義, 지智, 인仁을 발휘한다. 자신이 취할 것이 무엇인지 연구하는 것, 남보다 앞장서서

들어가는 것, 남보다 나중에 나오는 것, 자신은 다치더라도 적폐를 털어내는 것, 그리고 성과를 두루 나누는 마음가짐이 그것이다. 공자와 도척盜跖 사이에 오간 이야기다. 도척이 공자에게 말했다는 '도둑의 도리'를 한갓 말장난으로 치부할 수도 있겠지만, 일상에서 전환을 도모하는 마음가짐이 되기도 한다. 전환은 높은 곳고도, Altitude을 지향하는 것이 아니라, 일상의 태도Attitude에서 비롯된다. 서양미술사에서 이러한 점과 잘 들어맞는 것이 인상파의 출현이라고 생각한다.

평소에 대화나 책 등에서 포스트 모더니즘이라는 말이 나오면 항상 어렵게 느껴진다. 포스트 뿐만 아니라 모더니즘이라는 단어 둘 다 뭔가 상이한 뜻들이 마구 뒤섞여 있어서 그럴지도 모르겠다. 포스트Post는 우리말로 '탈' 또는 '후기'로 번역된다. '탈'은 단절성, '후기'는 연속성의 느낌을 준다. 정 반대말이기도 한 번역이다. 탈과 후기에서 무엇이 전환일까? 급격한 단절이 전환인가 아니면 부정의 부정이라는 연속성이 전환인가? 이러한 의문점을 살펴보기 위해 서양미술사의 특정한 유파, 인상주의에 대해 살펴본다. 당연하지만 특정한 국면이나 시기는 끊어서 볼 일은 아니다. 예컨대 우리가 자주 사용하는 '일상생활'이라는 말은 시간으로는 '지금', 공간으로는 '여기'라고만 생각할 수 있다. 그렇지만 '지금'에 이르기까지에는 어제가 있었고, 지금부터 나아갈 향후의 일들, 즉 미래도 포함되어 있다. 그러므로 '지금'은 사회적 진공상태에 있거나 모든 관계로부터 독립된 적막한 곳즉 장소을 말하는 것이 아니다.

이는 인상주의 점묘파의 분할 기법에서도 볼 수 있다. 처음에는 단순한 색점色点의 기입記入이었지만, 이들이 모여 하나의 그림으로 드러난다. 일상의 작업이 보색효과 즉 연대를 이루었기 때문이다. 전환은 가랑비에 속옷 젖듯이 차분히 진행되고 있는 것일 수도 있다. 겉으로 보기엔 '긴 패배와 짧은 승리'일지 몰라도, 결국 큰 전환을 가져올 수 있다. 식물생태학자 로빈 월 키머러의 말과도 통한다. "작은 파문밖에 일으키지 못할지라도, 대안을 상상하고 실천하려는 결심의 한 단면"이 배어있기 때문이다. 일상은 지루하고 단순하게 보일지 몰라도 그 속에는 변화의 낌새를 잉태한 거대한 전환이 복류 중인지도 모른다.

인상주의 이전에는 미술사의 거대한 패러다임들이 아카데미즘이라는 이름으로 군림하고 있었다. 르네상스와 바로크, 로코코 등의 유파들이 그것이다. 그러나 이들 유파 안에서도 변화를 시도한 예술가도 있었다. 엘 그레코의 그림은 훗날 마르크 샤갈에게, 파르미자니노의 그림은 모딜리아니에게 영감을 주었을 것이다. 후기 르네상스 시기에 등장한 이들의 그림은 미술사에서

매너리즘으로 평가된다. 우리가 평소 사용하는 매너리즘의 의미와 다르다. 그러나 매너리즘에 대한 부정적인 인식을 갖게 만든 강력한 비평들이 존재했다. 부르크하르트는 파르미자니노를 역겨울 정도로 가식적인 예술가로 평가했고, 뵐플린은 르네상스와 바로크 사이에 등장하는 불필요한 간주곡으로 평가했다. 그러나 예술 양식매너리즘의 어원인 '마니에라'는 양식Style을 뜻한다.의 균열을 나타내는 긍정적인 의미로 사용되어야 한다는 주장은 한동안 부각되지 못했다. 그리고 영향은 과거나 위로부터만 받는 것이 아니었다. 인상파 화가들은 후배들로부터도 깨우침을 얻는다. 인상파의 중심이었던 모네가 대표적이다. 고흐의 「감자 먹는 사람들」에 혹평을 퍼부었던 그는, 1890년 5월의 앙데팡당전에 전시된 10점의 고흐 작품들에 대해 '전시회의 모든 그림 중에서 최고'라고 극찬한다.그러나 고흐는 이미 가고 없었다. 이제 인상주의의 출발점으로 돌아간다.

널리 알려진 것처럼 인상주의는 처음부터 많은 사람들에게 인기 있고 환영받는 화풍은 아니었다. 비주류였던 셈이다. 그런데 인상주의 또는 인상파라는 명칭은 당시의 언론 매체가 이들을 폄하하기 위해 '먼저' 붙인 이름이 아니었다는 점을 강조할 필요가 있다. 인상이라는 명칭은 인상파 내부에서 나온 것이었다. 이에 대한 전후 사정은 다음과 같다. 1874년 인상주의 화파들의 첫 번째 단체전이 열린다.총 165점 출품 그중에 모네의 「인상, 해돋이」가 있었다. 이 작품은 모네가 르 아브르의 자기 집 창가에서 그린 것이다. 그는 이 작품을 제출하며, 「르 아브르의 경치」라 하지 말고 「인상, 해돋이」로 해달라고 말한다. 즉 '인상'이라는 말은 모네 자신이 최초로 한 것이었다. 사소한 것 같지만 중요한 전거典據다. 이후 전시장에서 관객들과 비평가들의 조롱이 이어진다. 예컨대 조제프 뱅상이 대표적이다. 그는 풍경 화가이자 베르탱아카데미 교수의 제자였고, 여러 정부에서 메달을 받고 장식 일을 따내던 인물이었다. "… 이 제멋대로의 허튼 됨됨이를 보게나! 유치한 벽지도 이런 바다 풍경보다는 더 잘 다듬어진 것이지"하며 조롱했다. 이 말을 들은 풍자신문《르 샤리바리》의 기자였던 루이 르루아가 기사화한다. 많은 글들에서 루이 르루아를 손꼽는데 사실은 완고하고 철벽같던 아카데미즘의 조롱이었던 것이다. 이 당시 아카데미 주관의 살롱전은 작가들의 이름을 알리는 매우 중요한 전시회였다. 이는 당대 미술시장에 대한 르누아르의 언급에서도 확인된다. "파리에 살롱전 없이 화가를 알아볼 만한 예술가가 채 열다섯 명도 못된다."

/ 클로드 모네, 「인상, 해돋이」, 1872

전시회가 끝난 후 이 화파는 '인상주의'라는 용어를 수용한다. 물론 다른 이름으로 하자는 반대도 있었다. 르누아르, 드가 등. 그리고 에밀 졸라는 '자연주의자'라 부르기를 고집했다. 『인상주의의 역사』를 쓴 존 리월드는 다음과 같이 평가한다. "'인상'이라는 단어가 원래 무엇을 의미했던 간에 그 진정한 의미는 냉소적인 평론가가 아니라 화가들 자신에 의해서 정의되었다." 인상파들의 첫걸음이 보수적인 아카데미즘의 공격과 세간의 조롱으로 비틀거리는 듯했지만, 예컨대 비평가들은 여전히 '일관성 없고 모순된 미술가들'이라고 혹평하고 있었다. 이들은 자신들의 화풍이 새로운 시대에 걸맞는 것이 될 것으로 믿었다. 마네의 작품 「에밀 졸라의 초상」 배경에는 그가 숱하게 비난받았던 「올랭피아」 뿐만 아니라, 벨라스케스의 「작은 기사들」, 그리고 일본의 스모 선수를 그린 우키요에와 병풍 등이 모사되어 있다. 그러나 보다 주목할 점은, 화면 속 졸라의 왼손 위에, '블랑'이 쓴 『그림의 역사』라는 책이 들려있다. 이는 자신의 작품이 지금까지의 그림 역사를 뛰어넘는 새로운 전환이라는 점을 자신 있게 드러내고 있는 것이다. 프랑스의 사회학자 피에르 부르디외는 마네를 "19세기 말, 국가의 강요를 덜 받는 새로운 형식과 기법으로 예술가 스스로 아카데미 미술을 전복시킨 미적 혁명의 화신"이었다고 평가한다. 이처럼 인상파의 그림에는 새로운 시대를 알리는 기미들이 곳곳에 담겨 있다.

╱ 에두아르 마네, 「에밀 졸라의 초상」, 1868

먼저 인상파와 사진의 관계를 들 수 있다. 인상파들의 첫 번째 전시회는 장소를 구하지 못하다가, 모네의 부탁으로 사진작가이기도 했던, '나다르'의 사진관을 비워 전시하게 된다. 빛을 작품의 중심 소재로 하는 사진과 인상파의 만남은 이렇게 이루어졌다. 미술사를 보면 많은 화가들이 자신만의 비밀처럼 '카메라 옵스큐라'를 활용했을 것이라는 내용들이 많이 나온다. 특히 아카데미의 거두 앵그르가 대표적이었다. 그러나 이들은 이의 사용에 대해 함구했다. 데이비드 호크니는 이들에 대해 다음과 같이 말한다. "미술가들이 카메라 사용에 관한 이야기를 남겨두지 않았던 데는 몇 가지 이유가 있었다. 우선 그것은 영업비밀이었다. 르네상스 시대를 거치면서 미술가들은 자신들의 직업을 고차원적인 것으로 간주하고자 했고, 기술적 요소는 폄하했다. 그들은 카메라를 사용하면서도 그것이 부끄러운 것이라고 생각하거나, 적어도 그 사실을 숨겼다." 데이비드 호크니는 또 다른 책에서 그림Paintings과 사진Photo을 합쳐서 '픽쳐Picture'라 부르자고 제안한다. 한편 인상파들은 신문물에 대해 관대했다. 사진작가들이 인상파 화가들을 찍은 사진들도 많다. 세잔, 피사로, 드가 등 이러한 태도는 새로운 그림에 대한 전환의 한 요소가 되었다.

두 번째는 이들의 연대 활동이다. 예술가들은 자발적 소외자이거나 적극적 은둔자로서의 모습도 지니고 있고, 세간의 말들에 상처 입기 쉬운 영혼들이기도 하다. 그럼에도 인상파 화가들은 첫걸음부터 연대의 모습을 보여준다. 나다르의 사진관에서 첫 전시회를 열기 전1873년에, 이들은 '화가, 조각가, 판화가 등 예술가들의 유한회사'를 설립한다. 일종의 협동적 연맹 형태인 합자회사였다. 피사로의 제안으로 회칙도 만든다. 회칙에는 배당금, 월 불입금, 동업 계약, 가입 규칙 등이 담겼다. 도록도 만들었다. 비록 길게 이어지진 못했지만 연대를 통한 아카데미즘과 기성 화단에 대한 대응이었을 것이다. 근대는 개인의 출현이라는 특성도 있지만, 당시 여전히 막강한 힘으로 작용하던 전근대의 개인 매몰에 대해 힘을 합쳐 보다 창조적인 개인을 드러내기 위한 새로운 움직임의 일환이었을 것이다. 고흐가 아를에서 꿈꾸었던 '화가 공동체'도 이들의 영향을 받았을까?

세 번째는 기성의 제도권에서 엄격히 지키고 있는 재래의 화풍들로부터 벗어나기 위해 편견 없이 새로운 사조를 자신들의 작품에 활용했다는 점이다. 대표적인 것이 일본으로부터 유입된 우키요에浮世繪였다. 19세기 중엽, 에도 시대가 막을 내릴 무렵 일본은 구미 열강 세력에 굴복하여 쇄국 정책을 포기하고 개국하게 된다. 이때 유럽과 미국으로 건너간 많은 일본의 물품 중에는 이로즈리色摺 우키요에 판화와 스미즈리墨摺의 삽화 판본도 포함되었다. 수출용 도자기의 포장지로 사용되었던 우키요에 그림들도 있었을 것이다. 앞서 언급한 마네뿐만 아니라 모네의 「지베르니의 일본식 다리」 등은 우키요에의 영향을 입은 작품들이다. 고흐도 런던에 거주할 때부터 우키요에를 열심히 수집하였고, 그의 「탕기 영감」 등에서 우키요에풍을 짐작할 수 있다. 한편 그림 기법상으로는 서구 아카데미즘이 철칙처럼 고수하던 원근법을 탈피하여 과감하고 자유분방한 내면을 마음껏 표출할 수 있기도 했다. 모네는 "일본 그림은 전통을 가지고 있지 않다"고 역설적으로 말했다. 그가 말한 전통이란 르네상스에서 이어진 전통을 말한 것이었다. 이런 점에서 인상주의 그림들은 후기로 갈수록 현대 미술의 유파 중 하나인 표현주의와 연결되기도 한다. 어쩌면 인상주의는 빛을 내면으로 받아들인 것이고, 표현주의는 내면의 빛을 드러낸 것일 수도 있다. 그리고 우키요에는 주문에 따라 제작한 것이 아니라 애초부터 광범위한 계층을 대상으로 한 비주류 문화의 산물이기도 했다.

넷째 인상주의는 유럽 사회에 몰아닥친 산업화의 이면을 화폭에 담기 시작했다. 이는 역사와 신화를 소재로 삼던 전통적인 그림들로부터 벗어난 또 다른 전환이었다. 예컨대 오스만 남작이 추진한 파리의 근대화로 새롭게 생긴 대로와 공원카유보트 「비오는 날의 파리 거리」, 카페와 극장마네 「폴리 베르제르 바」, 연기에 쌓인 기차역모네 「생라자르역 노르망디 열차의 도착」, 부르조아지와 노동자들의 휴식처였던 교외의 풀밭쇠라「그랑드 자트 섬의 일요일 오후」,「아스니에르에서의 물놀이」 등이 그림의 소재로 등장한다. 소재의 이러한 변화들은 화가들을 둘러싼 새로운 인프라의 등장이 뒷받침했다. 즉 기차의 등장과 튜브 물감의 발명이었다. 바깥의 빛을 담아내려는 인상파 화가들의 집념을 해소할 문물이었던 셈이다.

다섯째 인상주의가 현대 미술에 미친 영향은 아마도 미술사에서 가장 큰 전환 중의 하나가 될 것이다. 인상파의 활동 기간은 20년 남짓에 지나지 않는다.1867-1886 그럼에도 불구하고 미술사의 그 어느 사조에 뒤지지 않을 만큼 현대 미술에 큰 족적을 남겼다. 이들의 실험정신과 융복합 시도가 생명력을 지닌 탓이다. 특히 당시 유럽 사회를 관통하고 있던 과학혁명의 성과들을 인상파가 적극 수용하였던 점을 들 수 있다. 대표적인 것이 색채론이다. 빛과 색은 불가분의 관계에 있다. 1839년 고블랭 염직 공장의 소장화학자이기도 했다.이었던 미셸 외젠 슈브뢸은 자신의 공장에서 제작된 옷감의 색상들에 대한 소비자들의 불만을 조사하던 중 다음과 같은 사실을 발견한다. "색의 차이가 나타나는 것은 눈의 착시 때문이지 제작소의 문제가 아니다." 이후 비평가들은 슈브뢸의 발견을 두고, '색의 동시 대비', '색의 상대성 이론'이라고 평가한다. 인상주의는 눈의 착시에 근거한 슈브뢸의 색채론을 학습하였다. 인상파를 지지한 어느 비평가는, "그들의 선명한 색깔과 자유분방한 붓질이, 이미지를 더 과학으로 포착한다. ... 가장 뛰어난 물리학자라도 그들의 분석에서 아무런 결점을 찾을 수 없다"고 말한다. "물리학에서 빛의 파동설과 입자설이 입증되었듯이, 모네가 빛을 파동으로 인식하고 그렸다면 쇠라는 빛을 입자로 인식하고 그렸다." 고흐 역시 들라크루아의 그림으로부터 보색 효과를 배웠다. 들라크루아는 슈브뢸의 책, 『색채 대비의 법칙』을 이미 충분히 소화하고 있었다. 사진의 확산도 이와 함께 한 것이다. 슈브뢸의 발견은 화가들의 발견과 전시 방식을 크게 바꾸었다.

　　인상파들의 빛과 색에 대한 포착은 새삼스런 것은 아니었다. 그러나 많은 사람들이 별다른 관심을 두지 않았던 것을 자신들의 것으로 가져왔다는 점이 전환의 핵심이 되었다. 그리고 이러한 실험은 후대에 심대한 영향을 미치게 된다. 예컨대 모네의 「노적가리」 연작들은 몬드리안의 「회색 나무」와 연결되고, 이는 칸딘스키의 「구성」 시리즈로 이어진다. 색채와 형태의 파괴라는 새로운 실험들이었다.

　　그리고 쇠라의 점묘화법은 야수파의 일원이었던 마티스의 그림, 「호사, 평온, 관능」 등에도 영감을 주었을 것이다. 한편 세잔의 그림은 입체파에 영향을 미친다. 세잔은 인상주의가 일정 정

／ 클로드 모네, 「노적가리(연작)」, 1890-1891

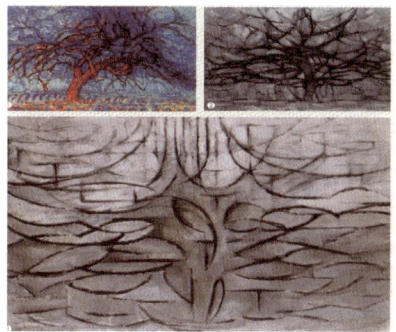
／ 피트 몬드리안, 「회색 나무」, 1911

／ 바실리 칸딘스키, 「구성 8」, 1923

도 지니고 있던 원근법조차 탈피하는 시도를 감행한다.「사과와 오렌지」이로부터 '양식화된 형태' 즉 큐빅이 시도된다. 피카소와 브라크의 입체주의와 연결되는 지점이기도 하다. 세잔과 피카소가 그린 화상 「앙브루아즈 볼라르 초상화」나 세잔의 「대수욕도」, 브라크의 「큰 나부裸婦」, 피카소의 「아비뇽의 처녀들」, 그리고 레제의 「세 여인」을 나란히 놓고 비교해 보길 바란다. 아래 그림 참조 물론 세잔은 자신의 후기 작품을 입체파 형태 그림으로 제작할 생각이나 의도는 없었다. 비평가들은 세잔이 "자연으로부터 원기둥이나 원뿔, 구형을 추출해야 한다"고 말했다고 주장한다. 그러나 세잔의 그림 속에는 이러한 큐빅원통, 원뿔, 구형이 발견되지 않는다는 반박도 있을 뿐 아니라, 세잔 자신이 정작 중요하게 여긴 것은 따로 있었다. 즉 '이것이 내가 보는 것이다'가 아니라, '이것이 과연 내가 보고 있는 것인가?'라는 의문이었다. 참고로 화상 앙브루아즈 볼라르는 인상파들을 널리 알린 애증의 인물이다. 자세한 내용은 이 글의 주제가 아니다. 이에 대해서는 볼라르 자신이 쓴 책, 『볼라르가 만난 파리의 예술가들』을 참고할 것.

/ 폴 세잔,「앙브루아즈 볼라르 초상화」, 1899

／ 폴 세잔, 「대수욕도」, 1899-1906

／ 조르주 브라크, 「큰 나부」, 1908

／ 페르낭 레제, 「세 여인」, 1921

　　인상파와 인상주의의 등장은 후대의 문학가들에게도 깊은 인상을 주었다. 버지니아 울프는 "인상파의 등장 이후 사람들은 더 이상 과거의 방식대로 그림을 볼 수 없었다"고 단언한다. 앞에서 포스트 모더니즘의 접두어 '포스트'에 대해 언급한 바 있다. 포스트는 '탈'과 '후기'로 번역된다. 사전도 그렇게 소개하고 있다. '탈'은 '~으로부터 벗어난다'는 단절의 이미지를 연상시킨다. 그런데 '후기'라는 말은 '전기, 중기'에 이은 시간의 연속이라는 의미라서 탈과 후기가 마치 반대말인 것처럼 느껴진다. 그렇다면 근대모던의 출현과 함께 등장한 인상주의의 그림들은 '탈'일까 '후기'일까? 모든 변화의 내면에는 모순이 들어있고, 하나의 기운이 승할 때 이 기운에 저항하는 새로운 기운이 싹트

게 마련이다. 그래서 인상파의 그림은 전래의 그림들에 대한 저항탈이었고, 미래에 손을 내민 연결후기이었다고 생각한다. 인식론적 전환Epistemological Break이었던 셈이다.

끝으로 인상파들이 등장하기 훨씬 전 연암 박지원은 인상에 대한 깊은 통찰을 선보이고 있다. 이를 소개한다.『능양시집서, 菱洋詩集序』

> 저 까마귀를 보라. 깃털이 그보다 더 검은 것은 없다.
> 하지만 홀연히 유금乳金 빛으로 무리지고 다시 석록石綠 빛으로 반짝인다.
> 해가 비치면 자줏빛이 떠오르고, 눈이 어른어른하더니 비취빛이 된다.
> 그렇다면 내가 이를 푸른 까마귀라 말해도 괜찮고, 붉은 까마귀라 말해도 좋다.
> 까마귀는 본디 정해진 색깔이 없는데, 내가 눈으로 먼저 정해 버린다.
> 어찌 눈으로 정하는 것뿐이겠는가. 보지 않고도 그 마음으로 미리 정해버린다.

이들이 서로 만났으면 좋았겠다. 전환은 스며듦에서도 시작되니까.

도움받은 책들

계영희 지음, 『명화와 함께 떠나는 수학사 여행』, 살림, 2006.
박홍규 지음, 『절망 속에서도 희망을: 노동자 화가 반 고흐의 아나키 유토피아』, 영남대학교출판부, 2013.
송대방 지음, 『헤르메스의 기둥 1, 2』, 문학동네, 2005.
이택광 지음, 『인상파, 파리를 그리다』, 아트북스, 2011.
정민 지음, 『한시미학산책』, 휴머니스트, 2010.
고바야시 다다시 지음, 이세경 옮김, 『우키요에의 미: 일본미술의 혼』, 이다미디어, 2004.
마틴 게이퍼드 지음, 주은정 옮김, 『다시, 그림이다: 데이비드 호크니와의 대화』, 디자인하우스, 2012.
메리 매콜리프 지음, 최애리 옮김, 『벨 에포크 아름다운 시대: 1871-1900』, 현암사, 2020.
앙브루아즈 볼라르 지음, 이세진 옮김, 『볼라르가 만난 파리의 예술가들: 세계에서 가장 유명한 미술상과 화가들의 이야기』, 현암사, 2020.
피에르 부르디외 지음, 김문성 옮김, 『마네의 상징 혁명』, 『르몽드 디플로마티크』, 제62호, 2013.
존 리월드 지음, 정진국 옮김, 『인상주의의 역사』, 까치, 2006.
아론 샤프 지음, 『미술과 사진』, 미진사, 1986.
엘리안 스트로스베르 지음, 김승윤 옮김, 『예술과 과학』, 을유문화사, 2002.
캐롤 스트릭랜드 지음, 김호경 옮김, 『클릭, 서양미술사: 동굴벽화에서 개념미술까지』, 예경, 2010.
로빈 월 키머러 지음, 노승영 옮김, 『자연은 계산하지 않는다』, 다산초당, 2025.
로버트 휴즈 지음, 최기득 옮김, 『새로움의 충격』, 미진사, 1991.
데이비드 호크니·마틴 게이퍼드 지음, 민윤정 옮김, 『그림의 역사』, 미진사, 2016.

전환은 가랑비에 속옷 젖듯이 차분히 진행되고 있는 것일 수도 있다. 겉으로 보기엔 '긴 패배와 짧은 승리'일지 몰라도, 결국 큰 전환을 가져올 수 있다. 식물생태학자 로빈 월 키머러의 말과도 통한다. "작은 파문밖에 일으키지 못할지라도, 대안을 상상하고 실천하려는 결심의 한 단면"이 배어있기 때문이다. 일상은 지루하고 단순하게 보일지 몰라도 그 속에는 변화의 낌새를 잉태한 거대한 전환이 복류 중인지도 모른다.

심상교

부산교육대학교 국어교육과 교수, 고려대 국어국문과와 동대학원을 졸업했다. 동해안별신굿과 영남지역 민속가면극을 중심으로 전통연희의 연행성 등을 연구하고 있다. 요즘은 한국 민속신앙 속의 신격에 대해 연구하고 있다.

전환의 미학 :
감성과 언어의 경우

전환의 미학은 아무래도 창조정신에서 비롯될 것이다. 인문학적 전환과 인문학적 창조정신은 대체로 붓끝에서 모습을 드러낸다. 사람들은 붓끝의 근원이나 배경보다 붓끝의 결과에 관심을 갖는다. 근원과 배경이 붓끝을 지나는 동안 어떤 전환을 이뤘는지에 관심을 갖는 것이다. 붓끝은 그림을 만들고 글을 지어내기도 하지만 공연예술을 구성하기도 한다.

조선 전기에서 중기까지의 회화는 엄격한 형식성과 도덕성을 중시한 사대부 문화의 영향을 강하게 받았다. 그림은 자연을 담되, 그 자연은 철학적 성찰의 대상이면서 동시에 유교적 교양의 반영이었다. 이성이 중시된 회화가 주류를 이루었던 것이다. 그러나 김홍도와 신윤복은 회화의 대상과 시선을 새롭게 전환시켰다. 김홍도와 신윤복에 이르러 인간은 이성만이 아닌 감정도 풍부한 존재라는 인식 전환을 드러내기 시작했다. 자연을 통해 인간의 이성이 고양된다고 생각하던 관점을 자연이 인간의 감정을 통해 다시 태어나는 관점으로 변화되기 시작한 것이다.

「청금상련」에서 담배 냄새를 맡으려고 담을 넘어온 소나무는 인간 감정이 자연을 묘사하는 핵심적 근거라는 점을 분명히 드러낸다. 「군선도」에서 서왕모 생일잔치에 가는 신선들이 친숙한 동네 아저씨들처럼 그려진 점도 인간 가치를 중시하는 가치관의 전환이 잘 드러난다. 「미인도」에는 시대를 앞서간 인문학적 전환이 뚜렷하다. 이 그림에는 미적 형상화의 새로운 관점도 나타난다. 유교주의적 세계관을 흔드는 일대 사건이었다. 「미인도」는 미인을 그리기 위해 얼굴에 집중하지 않는다. 입술, 눈, 코의 조화로움으로 미인을 그린 것이 아니라 사람을 그리는데 초점을 맞추고 있다. 옷과 트레머리, 장신구 등의 세밀한 치장물들은 사람의 아름다움에 봉사하는 미적 조건들이다. 「미인도」는 여성이 아닌 사람을 그린 것이다. 사람을 바라보는 놀라운 전환이 나타난 그림이다. 「서당」이나 「씨름」의 그림에도 주인공은 사람이다. 절대적 가치관이나 자연과 사물 등의 그 어떤 존재보다 사람이 주체가 되어야 한다는 전환을 보여준 그림들이다.

도화서의 대표적 성과인 「을묘원행반차도乙卯園行班次圖」는 동행하는 관원들의 직책과 옷 색깔까지 정확하게 기록한다. 이러한 세세한 사실적 기록만으로도 입을 다물기 어려운데, 원행을 바라보는 백성들 묘사를 보면 도화서 화원들의 인식 전환에 고개가 숙여진다. 나무 밑에서 그리고 언덕 위에서 원행 일행을 바라보는 일반 백성도 세세하게 그렸다. 이런 점에서 「을묘원행반차도」는 엄격한 신분제 사회에서 인간 평등 사회로의 인식 전환을 보여주는 걸작이라 할 것이다. 무미건조할 것 같은 의궤 그림 기록물이, 인간 존재에 대한 통찰까지를 보여준다. 세상 어떤 그림도 이런 성취는 갖지 못했을 것이다.

↗ 도화서에서 그린 「을묘원행반차도」 일부. 행차에 동원된 사람들의 직책이 적혀있다. 가운데 가마는 자궁가교(慈宮駕轎, 한글로는 자궁가교로 표기함)로 정조의 어머니 혜경궁홍씨가 타고 있다.(《혜경궁홍씨와 풍산홍씨》(2015), 수원화성박물관)

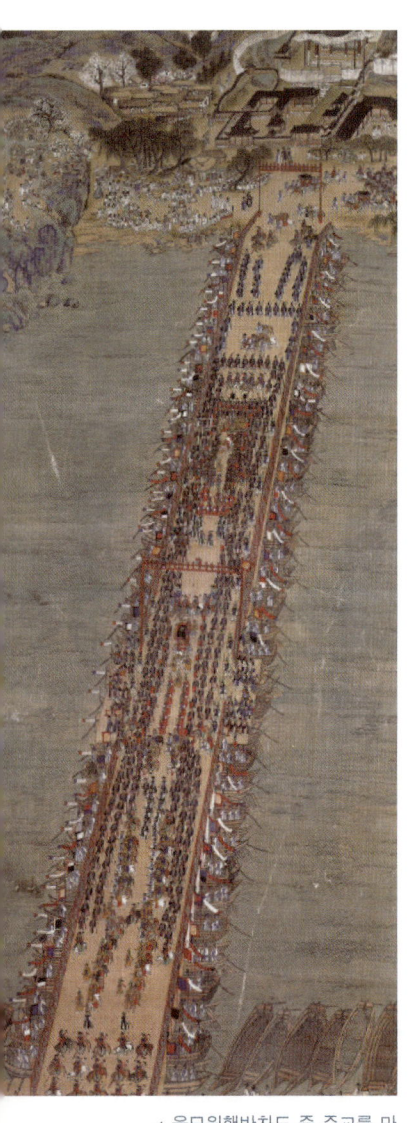

↗ 을묘원행반차도 중 주교를 만들어 한강을 건너는 모습.(《혜경궁홍씨와 풍산홍씨》(2015), 수원화성박물관)

한문 중심 문학에서 한글 문학으로의 전환을 시도한 정철의 글에서 인문학적 전환은 이미 큰 흐름을 형성하고 있었다. 16세기 후반 조선, 문학은 사대부 중심의 한문 고문이 절대적인 권위를 갖고 있었다. 한문은 곧 지식인의 언어였고, 한문 문장은 곧 문장의 본질이자 고귀함으로 여겨졌다. 이러한 시대에, 정철이 한글로 시가를 창작했다는 것은 단순한 언어 선택의 차원을 넘어, 사유의 언어를 바꾸는 거대한 전환이었다.

정철의 『관동별곡』과 『사미인곡』은 문학사와 정신사에서 의의가 크다. 인간의 사고를 결정하는 언어의 전환을 시도한 점에서 그렇다. 시대의 언어로 시대를 거스른 것이었다. 이것은 단순한 양식의 변화가 아닌, 문학 감수성의 주체가 전환되는 사건이자, 표현 방식의 혁명이었으며, 이후 정신사의 자양분이자 죽비였다.

그리고 약 300년 후인 1917년에 발표된 이광수의 『무정』에서도 이러한 전환이 일어났다. 『무정』은 이전의 이야기 방식, 인물 구성, 문장 리듬을 송두리째 바꾸어 놓은 작품이었기에 가히 혁명적 전환이었다. '-하더라'를 요즘 우리가 쓰는 '하였다'와 같은 구어체로 변화시킨 첫 작품이 『무정』이었던 것이다. 자기 성찰과 시대인식이 맞물린 서사구조를 통해 완전히 다른 감각의 소설을 만들어 낸 전환의 의의가 크다.

  정철은 '동인백정'이라는 오명에서 그리고 붕당정치의 폐해에서도 자유롭지 못하다. 이광수는 1940년대 초 친일행각을 보이기도 했다. 그러나 한글로 문학의 전통을 전환시키려던 두 사람의 노력은 사상 전환, 시대 전환이라는 의미 있는 거대 담론을 제기했던 행동가였다. 인문학적 전환은 시대를 장악하고 있던 사유방식의 전환을 두드리는 작은 노크였지만 점차 새로운 정신과 새로운 감성을 획득해 갔다. 우리 개인의 삶에 요청되는 것이 바로 그런 인문학적 전환일지도 모른다.

  김홍도와 신윤복이 그 시대의 회화를 삶과 감각, 감성의 차원으로 전환시켰듯, 정철과 이광수가 일상의 관념에 점진적 전환을 시작했듯, 우리 선조들의 삶은 늘 구조 전환과 사유체계의 전환의 과정을 겪어 왔다.

  17세기경 의미 있는 전환이 공연예술 분야에서 일어났다. 엄격한 신분제 사회였던 당시, 미천한 신분이었던 광대들은 자신

/ 을묘원행반차도 중 일반 백성들도 그려진 모습.《헤경궁홍씨와 풍산홍씨》(2015), 수원화성박물관

들의 뛰어난 예술 감각을 응집시키기 시작했다. 여러 음악 장르를 모아 하나의 완성된 형식인 판소리를 창조해 나갔다. 판소리는 특정 지역에서 원류한 것이라기보다 조선 전역에 분포한 음악적 특성을 고르게 내재시킨 조선 후기 천재 광대들의 창작품이었다. 판소리의 '판'은 공연되는 마당이라는 의미도 있지만 하나의 완성 형식이라는 의미도 있다. 기존의 흐름을 모으고 정리하여 새로운 형식을 만들어 내는 창조적 전환이 이뤄진 것이다.

민속극의 전국적 확산도 이 시기에 시작되었다. 인조반정1623은 공연예술의 전국적 확산의 시작이었다. 정치적 격변이 연희 장르의 향유층 전환에 관계된 것이다. 인조는 왕위에 오르자 나례도감 같은 공연예술과 관련된 조직을 혁파하였다. 인조는 광해군이 많은 공연예술을 권장하여 나라의 기강과 경제가 흔들렸다고 판단한 것이다. 인조의 공연 기관 혁파는 궁정과 서울을 중심으로 발전하던 공연예술이 백성 속으로 퍼져나가는 전환의 계기가 되었다. 17세기 공연예술과 관련된 전환의 의의는 완성과 확산에 있었던 것이다.

이 시대를 지나며 공연예술에는 민중의 언어와 몸짓, 삶의 감각이 작품의 근간이 되었다. 판소리는 일반 백성 사이에서 양반들 사이로 확산되면서 장르를 좀 더 음악적으로 그리고 문학적으로 완성도를 올리는 전환을 맞게 되었다. 민속극은 단지 희극적 해학의 표현이 아니라, 당대의 사회질서와 인간 이해를 근본에서 흔드는 전환의 계기를 마련하였다. 이 시기 공연예술이 만들어지고 확산되는 장르의 전환은 단순한 극적 반전이나 플롯의 변화가 아니라, 사회 질서의 일시적 전복과 인간 정체성의 재구성, 삶의 감각에 대한 총체적 재구축을 의미하는 것이었다.

민속극의 전환은 일상의 질서를 새롭게 전환시키는 시공간에서 발생했다. 민속극은 정월대보름 같은 명절이나 마을 전체가 함께 동제를 지내는 공동 제의 속에서 형성되었다. 이 시공간에서는 사회의 위계질서와 억압이 일시적으로 해체되는 일상의 전환이 형성되었다고 볼 수 있는데 이 전환 과정에서 민속극이 탄생한 것이다. 축제와 신성 의례가 융합된 사례라 할 수도 있고 고단한 노동 속에서 쉼과 놀이를 통해 새로운 현실을 지향한 것으로 볼 수도 있다. 새로운 현실은 노동생산성을 향상시키는 측면도 있었지만 노동의 강도를 올리는 억압적 측면도 있었다. 새롭게 인식된 시공간 개념과 함께 광대에 대한 인식의 전환도 생기기 시작했다.

광대는 세상에 가득한 현실의 부정한 측면을 알게 하는 리얼리즘의 견인차가 되었다. 양반을 희화화하고, 하층민이 지배층을 풍자하며 즐겁게 웃으며 억눌린 마음을 풀기도 했지만 인간에게 내재한 감정을 드러내는 방법이 그리고 이성의 중요성을 알게 하는 방법이 다양하다는 인식의 전환도 드러냈다. 문장으로만 세상을 표현할 수 있는 것이 아니라 가락, 장단, 몸짓, 목청도 세상을 표현할 수 있다는 생각을 갖기 시작한 것이다.

판소리도 전환의 기호를 잘 드러낸 공연예술이었다. 흥보가의 '박'은 현실성이 부족한 초월적 객체였다. 하지만 흥부는 이 박을 통해 새로운 삶의 기회를 얻는다. 박이 상징적 전환의 기호로 작용했음을 알 수 있다. 그 박에서 쏟아지는 것은 단지 부가 아니라, 사회가 요구하고 사람에게 필요한 가치관을 상징한 환상적 전환의 기호였다.

이러한 전환은 굿에서도 극대화된다. 굿은 신과 인간, 죽음과 삶, 과거와 미래를 연결하는 의례이면서, 동시에 이야기와 연기의 집합체다. 논란은 있지만 인간의 정신세계를 무의식, 전의식, 자아, 초자아로 나누거나 인간의 정신작용을 거울 단계, 상상계, 실재계로 나누어 설명하기도 한다. 굿은 무의식작용이 전의식

단계로의 전환에는 성공했는데 초자아의 억압으로 자아 세계로의 전환은 자유롭지 못한 채 떠도는 정신작용이라고 할 수 있다.

그렇지만 어떤 설명도 굿을 합리적으로 해명하지 못한다. 굿은 과학이 아니기 때문이다. 합리적 세계와도 거리가 멀기 때문에 굿은 여러 오해의 대상이 된다. 판타지 소설이 사실이냐고 묻지 않는 것처럼 굿이 인간의 정신세계에서 전환되는 것을 이성의 잣대로만 바라보지 말고 흥미로운 대상으로 편하게 바라본다면 굿은 재밌는 서사로 인식될 수도 있다.

착한 흥부가 가난하게 사는 모습을 어여삐 여긴 스님이 흥부에게 좋은 집터를 일러준다. 이후 흥부와 제비의 인연이 시작되었다. 착하게 살다가 부자가 되는 과정에, 집터 일러주기와 제비와의 인연이 필연적으로 연결된다고 과학적으로 분석할 수 없다. 이처럼 굿이나 민간신앙의 습속에 대해서는 사실이냐 아니냐를 판단하려는 시도는 불필요하다. 비현실적 세계에서 일어나는 비일상적 전환의 한 사례가 굿이라고 보면 적절할 것이다.

민속극에서 연희자는 탈을 쓰면 존재의 전환이 일어난다. 탈은 단순한 가면이 아니라, 주체를 해체하는 장치다. 탈을 쓰면 연희자는 말뚝이도 되고, 양반도 되고, 할미도 된다. 양반이 하인에게 조롱의 대상도 되고 영감과 할미 사이가 파탄 나기도 한다. 억압된 인간 감정의 전환이 탈이라는 전환을 통해 보인다. 이러한 존재의 전환은 욕망의 전환과 연결되어 인간의 본래적 모습과 다른 퍼스나적 삶의 괴리를 보여주기도 한다.

　이런 점에서 민속극은 인문학적 전환의 중요한 매개였고 인간 인식의 전환을 유도하는 중요한 장치였다. 이러한 전환은 웃음을 통해 사회의 억압 구조를 드러내고, 해체하는 무대적 철학이었다. 그 속에서 인간은 계급을 벗고, 몸을 드러내며, 억압된 감정을 말과 몸짓으로 되찾았다. 김홍도가 이성 강조의 시대에 감정을 찾아내고, 신윤복이 시대적 이념 대신 사람을 그리고, 정철이 언어를 전환하고, 이광수가 문체를 바꾸었듯, 판소리, 굿, 민속극은 삶 자체를 연희적 장치로 전환한 예술이었다.

　판소리는 조선 후기부터 시작된 독특한 구술 서사 예술로서, 단순한 민속 예능을 넘어선 심층적 인문학적 전환의 장르이다. 판소리는 문학, 음악, 연극, 언어, 사유방식, 사회 인식에 이르는 다양한 층위에서 전환의 계기와 양상을 보여주었다. 판소리야말로 조선 후기 민중이 스스로의 존재를 발화하고, 새로운 주체로 전환되는 구술적 인문학 혁명의 현장이었다.

　조선 후기의 회화, 문학, 공연예술은 모두 공통적으로 인간을 새롭게 인식하는 전환의 지점을 보여준다. 감정보다 이성이, 형식보다 규범이 앞서던 시대에 김홍도와 신윤복은 회화를 삶의 감각과 감정의 표현으로 전환시켰고, 정철과 이광수는 문학의 언어를 바꾸며 시대정신의 혁명을 시도했다. 판소리, 굿, 민속극은 말과 몸짓, 음악으로 인간 존재를 새롭게 말하는 예술이었다.

이 모든 전환은 기존의 권위와 위계를 해체하고, 인간 개개인의 감정과 몸, 언어와 시선을 중심에 두었다. 인문학적 전환이란 단순한 형식이나 내용의 변화가 아니라 세계를 이해하고 사람을 바라보는 방식 자체의 전환이다. 그것은 감각과 언어, 사유방식의 변화를 통해 삶과 사회의 새로운 감성과 질서를 형성하는 창조적 사유의 과정이다. 오늘 우리에게도 필요한 것은 바로 이런 전환의 미학이다. 전환은 흔히 사소하게 시작되지만, 결국 세계의 구조를 흔들고 새 길을 연다.

유인권
레볼루션
- 혁명, 대전환의 시대

한지윤
말이 통하는 도구들의 시대
- 우리가 대화를 나눈다는 것은

조재휘
전환의 시대에 그림자를 돌아보며

류영진
일본 지성사의 엔진,
번역이라는 전환의 기술

전성현
'전환'과 해방 80년

유인권

부산대학교 물리학과 교수이자 핵물리학자(실험). 서울대 천문학과를 졸업하고 독일마부르크대학교에서 박사학위를 받았다. 유럽핵입자물리연구소(CERN) 및 미국부룩헤이븐국립연구소의 객원연구원, 한국고에너지물리학회 회장, ALICE 한국 대표를 역임했다. 《부산일보》 칼럼 「유인권의 핵인싸」, 「부일시론」, 《국제신문》 칼럼 「과학에세이」 등을 집필했다.

레볼루션 - 혁명,
대전환의 시대

'레볼루션Revolution'이라고 하면 흔히 '혁명'만을 생각하지만, 원래는 '회전하다' 혹은 '선회하다'라는 뜻이 있다. '레볼루션'은 천체의 회전 운동이라는 뜻으로 의미가 제한되었고, 사회 질서의 갑작스러운 변화를 뜻하는 'Revolution'은 15세기에 처음 기록되었다. 이로부터 대변혁을 뜻하는 '혁명'이라는 한자어로 번역됐다. '혁명革命'이라는 한자어는 주역에 처음 등장하는데, '가죽'을 뜻하는 '혁革'은 원래 '낡아서 해진 가죽을 새것으로 간다'고 해석해서, '천명天命을 새롭게 한다'는 의미라고 한다.

별이 빛나는 밤

전기도 인터넷도 아무것도 없는 칠흑같이 어두운 밤은 고대인들에게 어떤 활동도 하기 어려운 추위와 어둠의 시간이었다. 동시에, 낮엔 환해서 아무것도 안 보이던 하늘에 형형색색으로 떠오른 별과 정령의 시간이기도 했을 것이다. 낮 동안의 척박한 땅과 맹수들로 들끓는 숲이 경작과 수렵의 고된 생존을 위한 '생산 활동'의 현실이었다면, 추위와 어둠의 틈바구니에서도 포근한 잠자리에 누워서 바라본 밤하늘은 모든 상상과 이야기로 가득 찬 '문명'의 시발점이었다. 내게도 그랬다. 어둑어둑해질 때까지 친구들과 누비던 골목길과, 별자리 숙제를 한다고 아버지와 같이 이불을 덮어쓰고 바라본 추운 겨울 밤하늘은 내 모든 것의 시작이었다.

매일 일정한 시간에 밤하늘을 바라본 적이 있는가. 비슷해 보이는 밤하늘이지만 밝게 빛나는 금성과 목성, 토성 그리고 약한 붉은 빛이 감도는 화성이 다른 별들과는 달리, 위치가 매일 달라진다는 것을 쉽게 알아볼 수 있다. 그래서 그것들을 '떠돌이별행성, 行星, Planet'이라고 부른다. 행성들과는 달리, 밤하늘의 대부분의 별들은 통째로 돌아가는 거대한 장막에 붙박힌 듯 움직이지 않는다. 이들을 '붙박이별항성, 恒星, Star'이라고 한다. 또한 매일 돌고 있는 하늘은 전체적으로 조금씩 일찍 떠오른다. 그 거대한 장막은 조금씩 서쪽으로 이동해서 계절마다 별자리가 달라지며, 마침내 사계절이 지나면 다시 같은 별자리가 떠오른다. 이 얼마나 경이로운 일인가.

／ 고대인의 우주관

어마어마한 장막으로 둘러싸인 세상, 그것이 고대인들이 상상한 세상이다. 거대한 점박이 뱀으로 둘러싸인 우주. 자기 꼬리를 물고 시작과 끝을 반복하며 순환하는 우주. 그렇게 우주는, 우리를 둘러싼 세상은 무한히 재생을 반복하며 순환하는 것으로 여겨졌다.

어쩌면 우리조차도 전기가 없는 세상에 태어나 따로 배우지 않았다면, 고대인들과 같은 상상을 하고 있을지 모른다. 우리의 일상을 살아가는 데에 우주의 모양쯤은 그렇게 중요하지 않을지도 모르겠다. 낮은 곳에 물이 모이고 높은 곳에 서면 바람이 부는 정도만 이해하면 충분할지도 모른다. 도대체 지구가 둥글든, 편평하든 무슨 상관이란 말인가. 희뿌연 먼지와 도시의 불빛

들 때문에 별 하나 보이지 않는 척박한 밤하늘 아래에서, 스마트폰의 좁은 화면에 갇힌 채, 밤하늘에 총총히 떠오르는 별들을 제대로 구경할 시간도, 여유도, 정성도 없는 우리들에게 새삼스레 우주관을 들먹이는 이유는 무엇인가.

지구가 편평한 걸, NASA 미항공우주국는 왜 숨기고 있는 걸까요?

물리학자로 살아가다 보면, 의외로 이 사회에서 물리학에 갈급한 사람이 꽤 있다는 걸 새삼 깨닫게 된다. 가까운 지인을 통해 소개받은 어떤 분이 대뜸 "NASA는 지구가 편평하다는 걸 왜 숨기는 것이죠?"라는 질문을 해오는 것이었다. 내가 잘못 들은 것이 아닌가 하여 "농담이시죠?"라며 웃으며 대꾸했는데, 상대방은 정색을 하는 것이었다. "에이, 비행기 타보지 않으셨어요? 비행기 창밖으로 둥글게 보이는 지평선을 못 보셨어요?"라며 애써 태연하게 되물었다. "그러니까요! 지구는 둥근 원판이잖아요!" 명쾌한 대답과 함께, 유튜브를 보면 지구가 편평한 2백 가지 증거가 담긴 두 시간짜리 동영상과 같은 명백한 증거가 차고 넘친다는 조언까지 덧붙였다. 이럴 수가! 21세기도 20여 년이 지난 이 대명천지에, 그것도 최신 첨단 기기를 통해서 제공되는 실시간 정보가, 지구는 편평하며 미항공우주국이 이 같은 사실을 알고 있으면서도 세계적인 충격을 피하기 위해 숨기고 있다는 음모론이라니!

상당한 충격이었다. 인류의 유구하고도 눈부신 발전을 통해 이룩된 현재의 이 문명사회에서, 심지어 그 결과로 태어난 문명의 이기들을 통해, 우리는 사실에 대한 근본적인 왜곡을 마주하고 있는 것이다. 과연, 우리는 거대한 돔으로 둘러싸인 원판 위에 살고 있다는, 편평지구에 대한 동영상은 유튜브에 차고 넘쳤다. 심지어 지금 지구상에는 이를 추종하는 백만 명에 달하는 사람들이 있으며, 이들은 진실을 밝히는 의로운(?) 계몽운동을 통해 상당한 재생산이 이루어지고 있다는 걸 자랑스럽게 얘기하고 있었다. 심지어 편평이론의 구체적인 부분에 대한 논쟁을 포함해, 이른바 유명한 유튜버와 추종세력들을 기반으로 한 학파에 이르기까지, 정말로 점입가경이었다.

이 동영상을 실험실 미팅에서 대학원생들과 공유했다. 이걸 마주하는 과학도들은 어떻게 생각할 것인가. 학생들 역시 놀라움과 당혹감을 감추지 못했다. 말도 안 되는 증거가 제시될 때마다 참지 못하더니, 이를 일일이 반박하는 동영상을 만들자고 했다. "그렇게 하면 그들이 계몽될까?" 학생들은 아무 대답이 없었다. 우린 모두 알고 있었다. 이건 증거와 논박, 논리의 문제가 아니라, 답을 정해놓은 믿음에 가깝다는 것을. 굳이 논리에만 충실할 수 있어도, 지구가 편평할 수도 있는 과학적인 이유에 대해서 따질 수만 있어도, 지구가 편평할 가능성은 일찌감치 없어질 것이련만. 음모론에는 백약이 무용지물이다.

나를 중심으로 돌아가는 세상

상당한 역사적, 과학적 진보를 통해서 지구는 둥근 공 모양이라는 과학적 사실이 현대에 와서 음모로 받아들여지는 데에는, 여러 가지 요인이 있을 것이나, 그 핵심엔 '자기중심의 세계관'이 있다. 마치 고대인들이 하늘을 보면서, 보이는 그대로에 충실했듯이 자기중심적인 경험적 관찰, 그리고 그것의 일반화가 내 상상을 결정짓는 것이다. 사실 아무런 의심이나 관심도 없이, 책에서 보거나 교육받은 내용을 기억조차 못하고 있는 많은 현대인의 일상을 생각해보면, 이들은 상당한 열정과 의심을 통해 나름의 확신을 만들어가는 능동적인 부류에 속할지도 모른다. 사실이러한 태도는 문명을 발전시키는 중요한 동인이었다. 고대인들이 이렇게 탄생시킨 것이 바로 천동설Geocentrism[1]이다. 온 우주

---

[1] 교육부, 「천동설과 지동설」, 교육부 공식 블로그, https://if-blog.tistory.com/5527

세상의 중심에는 내가 있으며, 세상은 나를 중심으로 돌고 있다
는, 지극히 본능과 관찰에 충실한 생각이다.

╱ 기원전 4세기부터 에우독소스와 기원전 3세기 아폴로니우스, 2세기 히파르
쿠스와 아리스토텔레스를 거쳐 기원후 2세기경 프톨레마이오스에 의해 완성
된 천동설 우주관

무려 1천 2백 년간 인류를 지배했던 이 우주관은 그리스의 천
재 프톨레마이오스 클라오디우스 프톨레마이오스[2]의 놀라운 업

---

2 "클라우디오스 프톨레마이오스(AD 83-168)," 위키백과 한국어판,
https://ko.wikipedia.org/wiki/클라우디오스_프톨레마이오스

적이다. 그의 역사적 출판물인 『알마게스트』는 '최대의 책'이라 불리며, 고대에서 중세에 이르는 긴 기간 동안 인류를 지배했던 거의 모든 천문학 이론을 망라하고 있다. 특히 천문학은 당시에 역법날짜와 시간을 정해주는 중요한 역할을 맡고 있었는데, 오랜 역사를 관통하여 천체의 운행을 해석한 인류 최대의 『천문학 집대성』이다. 프톨레마이오스의 천동설에서는 우주의 중심에 지구가 있고, 태양을 비롯한 모든 천체는 약 하루에 걸쳐 지구 주위를 공전한다고 되어 있다. 여기에는 지구를 중심으로 한 여러 개의 대원Deferent이 있고, 다시 그것을 따라 움직이는 작은 원들주전원, Epicycle이 있다. 달과 태양은 대원을 따라 이동하고 각 행성들은 주전원을 따라 움직인다. 이런 두 원운동을 결합한 아이디어는 획기적인 것이었다. 대원과 주전원의 혼합으로 설명하지 못하는 천체의 움직임은 없었기에, 천동설은 수천 년 동안 무적의 완벽한 우주관이었다. 이 우주관과 다른 천체의 운동이 발견될 때마다 언제든지 새로운 원운동주전원을 그려 넣으면 될 일이었다. 어떤가. 절대로 틀릴 수 없는, 이보다 더 완벽한 그림이 어디 있단 말인가. 덕분에 이후 새로운 우주관의 등장에도 불구하고 17세기까지 여전히 인류의 생각을 지배했다.

코페르니쿠스적 혁명

역사상 최초의 '레볼루션'을 언급한 『천구의 회전에 관하여De revolutionibus orbium coelestium』가 나온 것은 16세기 초, 폴란드 변방 출신의 가톨릭 신부 코페르니쿠스[3]에 의해서였다. 그는 폴란드의 한 작은 상업도시 토룬에서 태어나 이탈리아 유학을 통해 신학과 교회법을 공부했다. 그가 주창한 새로운 우주관인 지동설Heliocentrism[4]은 사상 처음으로 자기 자신을 중심이 아닌 주변에 놓은 획기적인 것이었다. 이는 상당히 '혁명적'이긴 했지만, 천 년 이상을 지배한 천동설과 비교해 관측 결과를 제대로 설명해 내지 못하는 치명적인 약점을 갖고 있었다. 즉, 실제 행성궤도의 공전 속도가 일정하지 않은 타원을 이루는 등 동심원으로는 설명할 수 없는 부분이 많았기 때문이다. 암흑기에 비견되는 중세의 종교적 배경을 갖는 신부들에 의해 주도됐음에도 불구하고, 정교하고 구체적인 관측 사실과의 부합 등 상당한 수준의 과학적 논쟁이 진행됐던 것으로 보인다. 심지어 천동설에서조차도 둥근 지구와 천체들을 전제로 하고 있었던 것을 감

---

3 "니콜라우스 코페르니쿠스(1473-1543)," 위키백과 한국어판, https://ko.wikipedia.org/wiki/니콜라우스_코페르니쿠스

4 『천체의 회전에 관하여』 - 한국과학문화재단 시리즈04, 니콜라이 코페르니쿠스 저, 민영기, 최영재 공역(1998) https://ko.wikipedia.org/wiki/지동설

↗ 16세기 중반 폴란드의 니콜라우스 코페르니쿠스에 의해 주창된 지동설. 우주는 지구가 아닌 태양을 중심으로 돌고 있다는 우주관

안하면, 오늘날보다도 더 상당한 '과학적 논증'에 충실했던 셈이다.

   관측 사실을 잘 설명하지 못했음에도 불구하고, 역사상 처음으로 인간지구 중심의 우주관에서 벗어나 스스로를 객관화하는 '혁명적' 발상을 과감히 도입했다는 것은 혁신 이상의 의미가 있다. 그래서 철학적으로도 '코페르니쿠스 혁명'이라고 부른다. 아무런 이유가 없는 주전원 도입을 통해서 관측 결과만 설명하려는 좁은 의도에서 벗어나, 관측 결과를 잘 설명하지 못할지언정 전제를 뒤바꿈으로써 일관적인 하나의 그림을 그리려 했다는 점에서 큰 의미를 갖는다. 이후 이 일관성은 케플러의 천체 데이터 분석과, 뉴튼의 「프린키피아Principia[5]」를 거쳐 인류 역사를 과학적 프레임으로 대전환시키는 엄청난 결과로 이어진다.

어디에도 중심은 없다

오늘날 훨씬 더 정교해진 관측기술로부터 얻어진 광범위하게 다양한 결과들을 종합할 때, 우주에는 지구와 태양을 넘어 중심이 그 어디에도 없다는 결론에 도달했다. 3차원의 유한한 공간을 경험하고 있는 우리로서는, 팽창하고 있다는 우주에 그 중심이 없다는 것을 직관적으로 이해하기 어렵다. 우주의 팽창을 흔히 부풀어 오르는 풍선에 비유하기도 하는데, 중심이 없는 풍선이라니 더더욱 어리둥절할지도 모르겠다. 우리가 3차원에 살고 있고 그 이상의 차원은 상상조차 하기 어렵기 때문에, 3차원 공간의 변화를 이야기할 때 2차원을 이용하는 경우가 많다. 즉 휘어진 3차원 공간 대신에 굴곡진 2차원 평면으로 표현하고, 팽창하는 3차원 공간 대신에 부풀어 오르는 풍선을 2차원 표면의 팽

---

[5] 아이작 뉴턴. 『자연철학의 수학적 원리(프린키피아)』. 위키백과 한국어판, https://ko.wikipedia.org/wiki/자연철학의_수학적_원리

창으로 이해하려고 하는 것이다. 즉, 작은 풍선의 표면에 점들을 많이 그려놓고 풍선을 불면, 분명히 풍선의 표면이 팽창하면서 모든 점들의 간격이 커진다. 이렇게 하면 어디에서 보든지 거리가 멀수록 더 빨리 멀어져가는 현상을 설명할 수 있기에 중심이 없는 공간의 팽창을 이해할 수 있다. 이는 코페르니쿠스가 상상했던 지동설보다도 훨씬 더 고차원적인 우주관이다. 여전히 우리의 상상을 뒤엎는 '혁명'은 현재도 진행 중이다.

우주엔 중심이 없는데, 우린 여전히 자기중심의 우주를 살아가고 있다. 음모론에 빠진 지구편평론자들을 설득할 방법은 사실상 없다. 이들을 모두 지구상에서 무찔러버린다고 해서 지구편평론이 사라지는 건 아니다. 어쩌면 기존의 기계적인 교육에 의해 일방적으로 주어진 세계관을 거부하고 있는 그들의 적극적 관심은 수동적 인식에서 벗어나려 한다는 점에서 존경할 만한 것일지도 모른다. 단지, 자기중심적 특수한 경험의 보편화와 이에 대한 확신이 문제다. 대개의 경우 이러한 일반화는 내심 믿고 싶은 자기 내면의 우월적 속성과 믿음이 결부돼 보고 싶은 것만 보고 믿고 싶은 것만 믿게 되는 확증편향으로 흐른다. 이것은 마치 사회의 극소수 범죄자만을 대해야 하는 검사가 모든 사회 구성원들을 범죄인으로 취급해버리는 것과 비슷하다. 결국 문제는 자기만의 좁은 세계에서 얻은 특수한 경험을 쉽게 일반화, 보편화해버리고 그릇된 확신에 사로잡히는 것이다.

어쩌면 생물학적 본능을 벗어날 수 없는 우주 생태계의 한 종으로서 우리는 절대로 자기중심의 경험과 편향된 선입견을 벗어나는 건 거의 불가능할지도 모른다. 그럼에도 불구하고, 나를 포함한 우리 모두가 자기중심적이라는 것을 알고 있는 것만으로도 적어도 섣부른 일반화와 확신에 사로잡히는 것을 피할 수 있을지도 모르겠다. 이것이 바로 함께 새로운 단계로의 '혁명'을 꿈꿀 수 있는 시작이 아닐까 한다.

모르는 게 오히려 약이 되고, 또 아는 게 힘일 수도 있겠으나, 하나만 아는 것이야말로, 지금 혁명, 대전환의 시대에 우리가 마주하고 있는 가장 큰 걸림돌이 아닌가 생각한다.

한지윤

대학에서는 국문학을, 대학원에서는 전산언어학을 전공했다. "Making AI Beneficial"이라는 미션에 반해서 업스테이지에서 AI 연구자로 일하고 있다. AI를 만드는 일을 하지만, AI보다 사람들이 더 흥미로울 때가 많다. AI와 함께하는 현재와 미래에 대해서 다른 사람들과 같이 고민하고 싶어서 『AI 블루 - 기술에 휩쓸린 시대를 살아가는 마음들』을 함께 냈다.

말이 통하는 도구들의 시대
- 우리가 대화를 나눈다는 것은

 생니를 뽑았다. 엄밀히 말하면 앓던 이가 빠진 셈이다. 임플란트를 하기 위해서였다. 예기치 않은 일이라 처음에는 실감이 나지 않았다. 워낙 바쁘던 차에 예후를 보고 발치를 할 수도 있다는 말을 흘려들었던 탓이다. 어금니 하나가 사라지고 나서도, 혀끝에 느껴지는 공백이 어색할 뿐 낯설지는 않았다. 그러나 새로운 인공치아를 내 몸으로 받아들이는 과정은 생각보다 오랜 시간이 필요했다. 발치 후 부족한 잇몸뼈를 보강하기 위해서 뼈를 이식하고 몇 주, 임플란트 나사를 심고 나서 내 몸으로 받아들이기까지 몇 달이 걸렸다. 이 과정에서 가장 생경한 경험은 아무래도 나사를 돌려 박는 과정이었다. 뼈에 드릴로 구멍을 낼 때까지만 해도, 윙윙거리는 굉음에 놀라고 온몸에 힘을 줘서 혼이 쏙 빠지

긴 했지만, 내 신체가 대체된다는 느낌은 없었다. 그런데 나사를 돌려서 빼고 임시 치아를 부착했다가 다시 돌려서 조이기 위해 입을 벌리고 기다리면서 나는 이 나사가 과연 나와 한 몸인가? 하는 생각을 떠올렸다. 나사를 통해 조립되다니, 나는 이제 사이보그인가? 기술로 신체를 강화한다는 게 별일 아닐지도 모른다는 생각이 스쳤다.

이러한 경험을 생경하게 그렸지만, 여태 많은 도구를 신체의 기능을 확장하는 데 사용해왔다. 스마트 워치를 구입한 이후로 달리러 나갈 때면 꼭 스마트 워치를 차고 나간다. 깜빡하고 나갔다가 그냥 달리기를 포기하고 돌아온 적도 있다. 이 작고 가벼운 기계는 뛸 때 심박수와 거리, 보폭을 측정해준다. 이를 통해 뇌가 감각만을 통해서는 스스로 습득할 수 없는 정보를 획득하고 이를 활용해 신체의 반응을 관찰하고 강화할 수 있다. 심박수의 변화 추이를 보면서 몸에 무리가 되지 않는 선에서 속도를 조절하고, 적절한 보폭을 유지할 수 있도록 훈련한다.

앤디 클락Andy Clark과 데이비드 찰머스David Chalmers는 1998년도에 발행된 논문 「확장된 마음The Extended Mind」에서 이러한 경험을 인지의 확장으로 풀이한다. 이 글에서는 알츠하이머에 걸린 오토Otto가 사용하는 노트를 예시로 든다. 오토는 새로운 정보를 기억하는 데 어려움을 겪는다. 그는 항상 휴대하는 노트에 중요한 정보를 기록하고, 필요할 때마다 이를 참조한다. 예를 들어, 뉴욕현대미술관MoMA의 위치를 찾기 위해 노트를 열어 주소를 확인하고 그 주소를 참고하여 목적지를 방문한다. 이러한 방식은 건강한 기억력을 가진 청년 잉가Inga가 자신의 뇌 속 기억을 활용하는 것과 기능적으로 유사하다. 클락과 찰머스는 오토의 노트가 잉가의 뇌 속 기억과 동일한 인지적 역할을 수행한다고 주장하며, 이를 통해 외부 도구도 마음의 일부로 간주할 수 있다고 주장한다.

이를 인지의 외부화라고 설명하는데 이는 뇌가 독립적으로 수행하던 인지적 기능을 노트나 스마트폰과 같은 외부 자원에 위임하거나, 외부 자원과 협력하여 인지 작업을 수행하는 과정을 말한다. 이는 활동적 외재주의Active Externalism의 핵심 아이디어로, 인간이 외부 환경과 능동적으로 상호작용하며 인지 시스템을 확장한다고 본다. 이러한 시스템이 작동하는 원리는 다음과 같다. 먼저 인간은 외부 자원과 상호작용하며 인지적 피드백 루프를 형성한다. 예를 들어, 노트에 아이디어를 적으면, 그 기록이 다시 사고를 자극하고 새로운 아이디어를 생성한다. 또한 인지적 부담 감소 역시 중요한 요소이다. 외부 자원이 뇌의 제한된 처리 능력을 보완하여 더 복잡한 작업을 가능하게 한다는 것이다. 이는 인지 효율성을 높이고, 뇌가 더 창의적이거나 전략적인 작업에 집중하도록 돕는다. 마지막으로 외부 자원에 의존하면서, 우리의 사고방식은 점점 더 분산적이고 네트워크화된 형태로 재구성된다. 예를 들어, 인터넷 검색에 익숙한 사람은 정보를 암기하기보다는 검색 전략을 최적화하는 데 능숙해질 것이다.

이러한 과정을 오롯이 경험하게 해준 건, 챗GPT를 신호탄으로 공개된 여러 거대언어모델LLM, large language model들이다. 22년 11월 말, 공개된 후 3년이 채 안 되는 시간 동안 언어모델은 나의 생활을 완전히 바꾸어 놓았다. 이제는 무엇인가를 기획하거나, 조사할 때 먼저 언어모델과의 대화로 시작한다. 먼저 개념을 정의하고 확인한 뒤 새로운 정보나 논문을 검토한다. 빠르게 논문을 훑어보아야 할 때에도 이전에는 초록, 서론, 결론 순으로 직접 읽어 나갔다면 이제는 언어모델에 업로드한 뒤 논문이 핵심적으로 기여하고 있는 부분은 무엇인지, 내가 참고해야 할 부분이 있는지 질문한다. 모델이 일차적으로 제시한 답변을 확인하고 원문을 읽는다. 사실 확인을 면밀하게 해야 할 경우에는 여러 모델을 동시에 띄워 놓고 교차 검증해 나가기도 한다. 글을 쓰다가 막힐 때도 언어모델과의 대화를 통해서 돌파구를 찾는다. 그리고 완성된 글에 대한 피드백도 얻는다. 이전에는,

이 과정에서 검색 엔진과 참고문헌 정리 사이트, 각종 문서 작성기와 메모 앱이 동원되었다. 이제 언어모델이 그 자리를 온전히 대체해 가고 있다. 초기의 모델은 이 모든 과정을 대체할 정도로 유용하지 않았다. 그러나 자체 검색 기능과 메모리 기능이 추가되자 언어모델은 하나의 글쓰기 플랫폼이 되었다. 무엇보다 작업의 능률을 향상하는 데 도움을 주는 것은 언어모델과 나누는 대화이다. 나의 의도를 이해하고 적절한 답변을 줄 뿐 아니라, 다음에 이어질 내용에 대해서 질문을 던진다. 질문이 늘 나의 의도를 정확하게 집어내는 것은 아니다. 오히려 선문답에 가까운 엉뚱한 소리를 늘어놓을 때도 있다. 그럼에도 불구하고 그것을 수정해나가면서 내 생각이 정리되고 명료해진다.

이처럼 대화를 통해 도구를 조작할 수 있는 대화형 인터페이스의 장점은 대부분의 사람이 바로 사용할 수 있다는 점이다. 별도의 전문 지식이나 조작 방법에 대한 학습 없이도 말할 수 있는 사람이라면 말이다. 어느 날 본가에 갔을 때 어머니가 TV 리모컨의 음성인식 기능을 너무 당연하게 사용하고 계신 것을 보고 깨달았다. TV가 공중파 방송 수신기에서 유튜브 동영상 재생기로 역할을 바꾸면서 원하는 영상을 보기 위해서는 검색이 필요해졌다. 리모컨으로 키보드를 조작하여 한 땀 한 땀 타이핑하는 것보다 '정원 가꾸기 영상 틀어줘'라고 말하면 얼마나 간편한가.

이것이 챗GPT라는 언어모델이 생성형 AI 시대로의 본격적인 전환을 견인하게 된 근본적인 이유일 것이다. 언어는 그 자체로 메타적이고 압축적이다. 우리는 모든 설명을 언어로 한다. 모든 예술 작품 - 회화, 음악, 연극, 영화 등에 대해서 언어를 통해서 비평한다. 러닝 타임이 3시간인 영화도 1,200자의 칼럼으로 요약할 수 있다. 이 효율적인 체계는 컴퓨터 자원을 활용하는 측면에서도 경제적이다. 일반적으로 A4 10p 논문은 PDF 문서로 만들면 1MB에서 최대 5MB이지만, 텍스트 문서로 변환하면 500KB 이하로 줄어든다. 적게는 두세 배에서, 많게는 열 배 이상의 용량 차이가 난다. 용량이 적다는 건 그만큼 처리에 필요한 연산량이 적게 든다는 것이다. 같은 정보를 표현하는 데도 훨씬 효율적이다. 인류가 발명한 가장 강력한 도구가 아닐 수 없다.

언어를 매개로 하는 순간, 생성형 AI는 더욱 강력한 힘을 발휘한다. 이제 언어모델은 컴퓨터 비전, 음성, 로보틱스 등 제각각 발전해 온 분야를 아우르는 하나의 통합적인 운영체계가 되어가고 있다. 영화 〈Her〉에서 주인공 테오도르와 사랑에 빠지는 인공지능 사만다 역시 단순한 챗봇이 아니라 운영체제OS였다. 언어모델은 이제 다양한 도구API에 접속하여 목적을 달성하기 위한 프로세스를 집행할 수 있다. 모델은 직접 정답을 생성하는 것이 아니라 외부의 정보를 검색하거나, 계산하거나 특정

API를 호출하여 외부 시스템과 상호작용한다. 예를 들면 "날씨"를 알고 싶은 사용자가 "오늘 서울 날씨 알려줘"라고 하면 외부의 애플리케이션을 이용할 수 있는 에이전트 언어모델은 사용자의 별도 명령 없이 기상청에서 제공하는 API에 접속하여 원하는 정보를 받아서 대화문으로 맞춰서 가공해 사용자에게 전달할 수 있게 된다. 사용자는 각각 프로그램의 사용법을 익힐 필요가 없다. 그저 자신이 평소에 가족이나 친구들에게 부탁할 때 하듯 대화하면 된다. 인간이 만든 모든 도구와 대화가 되는 시대가 오고 있다.

처음에는 단순히 자연스러운 대화 능력 자체가 사람들의 이목을 끌면서 온 세계의 관심을 집중시켰다면, 이제는 언어라는 도구의 잠재력을 극대화하는 단계로 발전해 나가고 있다. 언어모델의 발전에서 놀라운 발견은, 인공지능의 추론 능력을 키우면 성능이 비약적으로 향상된다는 것이다. 초기의 모델들이 단순한 정보 검색이나 문장 완성에 머물렀다면, 최신 거대언어모델은 주어진 전제에서 논리적 결론을 도출하거나, 맥락을 기반으로 복잡한 문제를 단계적으로 해결하는 연쇄적 사고Chain-of-Thought를 수행한다. 인공지능이 언어적 사고와 절차적 추론을 통합해 나가고 있음을 보여준다. 이제는 대화 능력을 아득히 넘어서서 지적인 추론 능력 자체가 향상된 것으로 보이는 결과를 내놓는다.

거대언어모델을 기반으로 한 생성형 AI가 활약하고 있는 분야 중 하나는 바로 프로그래밍이다. 기존의 코딩 작업은 프로그래머가 설계를 미리 하고 전체 구조를 잡은 뒤 체계적으로 구조화하는 작업이었다. 파이선Python이나, C언어와 같이 프로그래밍 언어의 문법을 잘 아는 전문가만이 개발할 수 있었다. 마이크로소프트는 챗GPT가 공개된 이듬해에 바로 코파일럿Copilot이라는 서비스를 내놓았다. 이 서비스는 코드를 자동완성해 주는 기능으로 유명해졌다. 그러나 초기의 서비스는 간편하기는 했으나, 그렇게 품질이 높지 않았다. 사람이 직접 코딩을 했을 때는 개발하는 데 5시간, 오류를 수정하는 데 2시간을 썼다면 AI로 개발하는 데는 5분밖에 걸리지 않지만, 오류를 수정하는 데 10시간이 걸린다는 농담이 생길 정도였다. 그러나 모델의 추론 능력이 향상되면서 코딩 능력이 비약적으로 향상되었다. 코드 작성이나 디버깅에서도 모델이 문제 의도를 파악하고, 적절한 알고리즘을 선택하거나 오류를 논리적으로 분석하는 데 뛰어난 성과를 보이기 시작했다. 이제는 자연어로도 코드를 생성할 수 있게 된 것이다. AI와 대화하며 개발을 진행하는 이런 스타일을 안드레이 카파시Andrej Karpathy는 바이브 코딩Vibe Coding이라 설명한다. AI와 대화하면서 아이디어를 발전시키고, AI가 제안하는 코드를 바탕으로 느낌Vibe대로 빠르게 초기 프로그램을 구현한다. 프로그래밍 언어에 대한 지식이 없더라도 간단한 프로그램을 손쉽게 만들 수 있다.

말이 통하는 도구를 손에 넣게 되는 것, 지금 인류가 겪고 있는 전환의 핵심이다. 우리가 대화를 통해서 외부 자원을 인지의 영역 안에 통합하고 인류가 닿지 않았던 수준의 능력을 갖추게 될 것이라는 점이 이 전환을 길게 가로지르고 있다.

다시 처음으로 돌아가 보자. 나의 새로운 인공 치아가 몇 개월에 걸려 잇몸 속에 자리를 잡는 것보다 코드와 수리 추론에 특화된 언어모델들이 출시되어 시장에 자리를 잡는 것이 빨랐다. 바이브 코딩이라는 개념이 AI와 개발 커뮤니티를 휘감는 데에 한 달도 채 걸리지 않았다. 이 가공할 정도의 발전 속도는 때때로 경외감을 넘어 두려움에 가까운 감정이 들게 한다.

정치철학자 김만권은 『새로운 가난이 온다』에서 '시대가 너무 빠르게 변할 때 느끼는 두려움에 깊이 공감한다. 시대는 빠르게 변화하는데 자신이 그 흐름을 따라잡지 못한다고 생각할 때 그 마음이 더 깊어지지만, 모든 변화에 적응할 필요는 없다'고 말한다. 그는 기계를 두려워하는 대신 공생할 수 있으려면 '인간이 서로를 보호하는 시스템'을 만들어야 한다고 제안한다. 그렇게 되면 인간을 닮을 수밖에 없는 기계 역시 인간을 보호할 것이고 긍정적인 파트너십이 형성될 것이라고 기대한다. '자연스러운 게 좋은 것이다'라는 발상을 가진 사람들은 인간과 기계를 대척점에 놓고 생각하는 경향이 있다. 그러나 우리는 '호모 파베르 Homo Faber', 도구를 만드는 인간이고, 우리가 생활에서 사용하는 무수한 도구들이야말로 인간이 자연적이지 못하다는 증거라고 밝힌다. '인간적'이라는 말은 곧 '인위적'이라는 말이다. 영어 단어 Artificial을 떠올려 보자. 'AI Artificial Intelligence'야 말로 지극히 인간적인 도구이다. 그는 그렇게 생각해 보면 인공지능도 인간이 발명해 낸 기계이고 우리 신체의 일부로 확장될 수 있는 도구이므로 적절한 협력 관계를 맺어야 한다고 주장한다.

인공지능은 인류가 만들어낸 가장 인간적인 것이다. AI를 이해하는 일은 결국 인간을 이해하는 일이다. AI가 이끌어가는 것으로 보이는 이 전환을 이해하는 것은 결국 우리 사회의 문제를 이해하는 일이 될 것이다. 결국 누구와 어떻게 대화해 나가야 하는지를 곰곰이 생각해 본다.

말이 통하는 도구를 손에 넣게 되는 것,
지금 인류가 겪고 있는 전환의
핵심이다. 우리가 대화를 통해서
외부 자원을 인지의 영역 안에
통합하고 인류가 닿지 않았던 수준의
능력을 갖추게 될 것이라는 점이
이 전환을 길게 가로지르고 있다.

조재휘

영화평론가로 씨네 21 필진이자 국제신문에 영화 칼럼을 연재 중이다. 영화 〈아가씨〉 2016 메이킹 북 『아가씨 아카입』을 집필했고 전주국제영화제, 부천국제영화제 모더레이터, 부산국제영화제 대중화위원회 POP-COM 진행위원, 영화진흥위원회 영화제 평가위원 등 영화와 관련된 여러 분야에서 활동 중이며 2020년 『시네마 리바이벌』을 펴냈다.

전환의 시대에
그림자를 돌아보며

무인화無人化가 불러온 극장의 변화들

영화관의 풍경이 여러모로 바뀌었다. 단적으로 말해 사람이 줄었다. 관객의 수가 팬데믹 이전만 못하다는 이야기만은 아니다. 현장에 가서 표를 발권받으면서 보는 요즘 극장의 모습은 그야말로 무인지경無人之境에 다름 아니다. 키오스크로 예매한 표를 알아서 찾고, 때 되면 알아서 입장해야 하는 극장은 이따금씩 아침 일찍 영화를 보기 위해 찾으면, 인적 없이 텅 빈 공간에 고요하고 적막감만이 감돌아 HBO 드라마 〈더 라스트 오브 어스〉2023의 조엘과 엘리가 그랬던 것처럼 좀비 재앙이 닥친 종말 이후의 미래를 방문한 건지도 모르겠다는 섬뜩한 생각까지 들게 한다. 매표소에서, 상영관 입구에서 관객을 반기던 얼굴은 다들 어디로 간 것일까?

키오스크뿐 아니라 상영관 입장에 필요한 검표 절차마저 생략하는 자율입장제가 도입되면서부터 익숙했던 극장은 더없이 낯선 공간으로 바뀌었다. 누군가는 자동화에 따른 경영합리화라고 말하겠지만, 이런 류의 진보가 늘 그렇듯 긍정적인 면만 갖는 건 아니다. 이용하는 사람의 입장에서 습관적으로 찾던 매표소에서 발길을 돌리고 키오스크를 이용할 것을 강요받는 건 썩 유쾌한 경험이 아니며, 인터넷 예매에 익숙하지 못하지만, 그럼에도 오랜 세월 극장에서 여가를 보내왔던 중장년층 관객이 겪는 번거로움과 불편은 이만저만이 아니다. 어느 정도 시간이 지나 키오스크와 자율입장제가 뉴 노멀New Normal로 정착된 지금도 이러한 곤란함은 달라지지 않아서, 물어볼 직원도 없는 가운데 극장을 찾은 젊은 커플의 도움으로 표를 구매하는 경우를 심심찮게 보게 된다.

켄 로치의 〈나, 다니엘 블레이크〉2016에서 한 장면을 떠올리지 않을 수 없었다. 한평생을 목수로 살아왔고, 그래서 컴퓨터 근처에 가본 적도 없었던 노인은 심장병이 악화되고 더는 일하기 어렵게 되면서 정부 지원을 받고자 관공서를 찾아가지만, 그런 그를 맞이하는 건 모르는 새에 급속도로 디지털화가 진행된 현실이다. 의료비와 실업수당을 신청하려는 그에게 돌아오는 건 "인터넷에서 찾아보라" 따위의 반응이고, 워드프로세서로 신청서를 작성해 제출하는 일은 "마우스를 올리라"는 말을 듣고는 모니터에 가져다 대는 아날로그 세대에겐 감히 엄두조차 나지 않는다. 전자가 별빛을 뒤덮고 온 세상이 네트워크로 연결되는 디지털 세상이라고 하지만, 그로부터 동떨어진 채 일상을 영위해 온 사람들을 배제하고 소외시키는 보이지 않는 벽은 엄연히 존재하고 있는 것이다.

전화로 공무원과 통화해 질병 수당을 신청하려는 다니엘의 모습을 포착하는 장면은 켄 로치답게 담담하고 건조하게 연출되어 있지만 의미심장하다. 음성만 들릴 뿐 상대의 모습이 보이지 않는 이 장면을 다시 보면서, 점점 인간과 직접 대면하는 순간이 적어지고 사람의 온기는 찾을 수 없이 싸늘하게 식어버린 극장을 마주하는 일상의 면면들이 겹쳐져 보였다. 흔히 우리는 첨단 기술의 도입과 보편화를 경이에 찬 시선으로 바라보며 감탄하곤 한다. 그래서 잊곤 한다. 이 급격한 전환轉換이 사실 누군가에겐 엄청난 폭력일 수 있으며, 수혜를 입지 못하는 사각지대에 처한 사람들은 결코 소수가 아니라는 점. 그리고 인간에 대한 존중과 배려가 바탕에 깔려있지 않은 가운데 저 혼자 내달리는 발전의 논리는 결코 바람직하지 않다는 점 말이다.

무인화의 부작용은 단지 아날로그 문화에 익숙한 중장년층이 겪는 불편함의 문제에 그치지 않는다. 한국의 멀티플렉스는 코로나 이전에 근접한 80% 수준으로 매출을 회복했다지만, 정작 직원의 수는 53%에 달하는 단기 고용직의 단축으로 크게 줄었다. 아르바이트라지만 고용 여건은 불안정해졌고 현장의 인력이 줄어들면서 남아있는 인원이 부담할 업무의 양이 늘어나, 이전에는 매표소와 매점 직원, 상영관 입장과 퇴장 안내 등이 분담되어 있었지만, 이제는 매표소에서 발권을 맡던 직원이 자리에서 빠져나와 매점 일을 보고, 매점 담당 직원이 입장 안내를 하러 달려가는 등, 담당업무에 집중하지 못하고 수시로 옮겨 다니는 광경을 보게 되었다. 아무리 필름 영사 시절에 비해 들이는 품이 줄어든 디지털 상영 인프라라지만 숙련된 인력의 유출은 영화 상영에도 영향을 주어 램프를 교체하지 않은 프로젝터나 노후화된 사운드 설비 등 관리가 미비한 탓에 극장이 보장해야 할 시청각적 경험의 질은 열악해졌다.

이러한 상황은 〈모던 타임즈〉1936에서 채플린이 갈파한 바 있던, 기업가의 입장에서 생산성을 향상시키기 위해 도입한 기계가 노동자의 입장에서는 편리하고 안전하기는커녕, 도리어 노동의 강도와 위험성을 높여버린 근대 산업사회의 비극적 아이러니를 새삼 곱씹게 한다. 팬데믹으로 인한 극장의 위기를 이유로 비용은 올려 받지만, 노동환경과 처우는 나빠졌고, 서비스는 정상화되지 않는다. 그 결과는 기존의 극장 문화에 익숙해 온 관객, 각자의 위치에서 업무를 전담하던 극장의 노동자, 어느 누구도 행복하지 않고, 어느 누구도 만족하지 못하는 망가진 현실로 이어졌다. 업계에서는 스트리밍 서비스가 관객의 발길을 돌렸다는 구실을 내세우고 있지만, 오늘날 한국 영화 산업 전반이 겪고 있는 불황의 책임에는 단기적인 이윤 상승만을 노릴 뿐 정상적인 극장 문화를 회복한다는 대승大乘적 차원에서의 중장기적인 비전은 도외시했던 멀티플렉스 기업의 몫도 결코 적지 않을 것이다.

기술주의技術主義를 경계하라

기술주의 문화는 진보의 사상을 우리에게 이식하였고, 그 결과 우리가 전통과 맺었던 관계그것이 정치적인 것이든 영적인 것이든가 와해되기 시작했다. 기술주의 문화는 새로운 자유와 새로운 형태의 사회조직을 선사하겠다는 약속으로 우리를 들뜨게 했다. 또한 기술주의 문화는 세계를 가속화시켰다.

- 닐 포스트먼, 『테크노 폴리: 기술에 정복당한 오늘의 문화』

극장 환경의 변화는 예시일 뿐이다. 새로운 기술이 일상에 파고들어 그것의 편의를 맛보게 되었을 때, 많은 사람들은 신기해하며 기술이 가져올 결과와 그로 인해 더 나아진 세상을 기대하곤 한다. 그러한 유토피아적 전망에 깔려 있는 낙관적 인식, 이른바 기술주의技術主義라고 할 발상에는 기술을 단지 보충재補充材로만 바라보는 시선의 단순성이 깔려있다. 요컨대 양적 질적인 향상은 있지만 그것은 엄연히 기존 질서에 종속되고 봉사하는 보조적인 도구에 지나지 않는다는 입장이다. 그러나 먼저 언급한 극장 무인화가 초래한 결과를 돌이켜보면 이러한 진단에는 크나큰 맹점이 있음을 금세 깨닫게 될 것이다. 기술의 속성은 단순한 보충재가 아니라 시스템의 근간을 뒤흔드는 '외부 충격Disasters'이자 '돌발사태'이기 때문이다.

발전된 도구의 등장은 기성의 사회와 문화를 보조하는 선에서 역할이 절제되고 융화되는 것이 아니라 도리어 공격적으로 들어가 질서를 파괴하고 전혀 다른 방식으로 재구축한다. 다시 말해 사회적 필요에 의해서 기술이 만들어진다기보다는, 기술의 발전이 우선하고 그에 따라 사회 구조가 순응하며 변화가 일어난다고 보는 것이 훨씬 사태의 본질에 가깝다. 기술이 초래하는 가공할 결과는 기존의 규칙, 규범, 관습을 위협하며, 이는 이제까지 구축되어왔던 사회 시스템에 기대어 살아왔던 사람들에게는 생존의 문제로까지 비화되곤 한다.

　2023년 5월에 시작된 미국작가조합의 파업에 이어 할리우드 배우조합이 그해 7월 파업에 동참했다. 이때 뜨거운 감자로 떠오른 이슈는 다름 아닌 생성형 AI였다. 컴퓨터 그래픽 기술의 발전이 배우의 얼굴을 본뜨는 것 자체는 어제오늘의 일은 아니다. 〈포레스트 검프〉1994에서 톰 행크스가 케네디 대통령과 만나 악수하는 장면은 실제 기록필름과 배우의 움직임을 세심히 일치시켜 합성한 결과였고, 대역 배우의 얼굴에 주연 배우의 모습을 덧씌우는 기법은 〈타이타닉〉1997에서도 쓰였다. 〈로그 원: 스타워즈 스토리〉2016에서는 고인故人이 되어 출연할 수 없는 피터 커싱과 캐리 피셔의 얼굴을 3D 모델로 재현한 뒤, 이모션 캡쳐Emotion Capture: 헬멧에 장착한 초소형 카메라로 배우 얼굴의 표정을 포착해 데이터화하는 기술한 대역배우의 표정 연기에 입히는 데서 이 기술은 완성에 다다랐다.

　그로부터 얼마 지나지 않아 등장한 생성형 AI의 딥페이크Deepfake: 딥러닝 기술을 활용한 인간 이미지 합성는 세세히 따져보면 전문가의 작업물에 비해 질적으로 떨어지지만 일정 수준 실사와 근접한 실감을 자아내면서 업계에 경종警鐘을 울렸다그리고 이 기술적 간극은 날이 갈수록 빠른 속도로 좁혀지고 있다. 이전보다 적은 공을 들이고도 손쉽게 배우의 얼굴 이미지를 모사할 수 있게 되면서 배우의 초상권, 그리고 후반 그래픽 작업을 담당하는 특수효과 관계자들의 직업적 안정성을 위협하게 된 것이다. 영화의 시나리오를 담당하는 작가들에게도 AI의 출현은 심대한 위기였다. 만약 AI를 활용해 기본적인 각본을 완성하고 인간 작가는 이를 수정, 보완하는 식으로 업계의 관행이 바뀌게 된다면, 예술가로서의 창조성, 작품에 대한 권리를 인정받지 못할 뿐 아니라 일자리를 잃거나 못해도 수입이 줄어드는 불이익으로 이어질 것이 불을 보듯 뻔했기 때문이다.

생성형 AI로 촉발된 할리우드 내부의 갈등은 배우 초상의 AI 이미지 활용에는 반드시 사용 권한을 배우 본인, 세상을 떠난 옛 배우들의 경우는 배우조합의 동의를 얻어야 하며, 작가의 작품에 대해서는 AI 학습의 재료로 사용되는 걸 금지할 권리를 인정받고, AI가 작성한 글은 저작권이 인정되지 않아 크레딧이 부여되지 않는 조항을 명시하는 걸로 합의를 보고 나서야 종결되었다. 〈에이리언: 로물루스〉2024에서 이안 홈의 얼굴과 목소리를 AI로 재현한 것이나 〈퓨리오사: 매드맥스 사가〉2024에서 아역 배우와 안야 테일러 조이의 얼굴을 성장과정에서 차츰 변형되는 걸로 조정하는 식으로 업계에서 AI를 적극 도입하게 된 건 합의가 성사된 이후의 일이다. 주변에서는 사진을 지브리 애니

메이션 풍의 그림으로 변형하는 식의 유행이 불면서 AI를 가벼운 흥밋거리 정도로 취급하는 경향이 일반적이지만, 첨단의 신기술 하나의 등장만으로 업계 전체의 산업적 구도뿐만 아니라, 더 나아가 인간의 창조성과 예술의 근본적 가치에 대한 윤리적 논쟁으로까지 확산되었던 것이다.

한국에서도 AI 기술에 따르는 사회적 부작용, 어느 수준까지 창작에 활용하는 것이 온당할지에 대한 논의가 본격화될 시점은 머지않을 것으로 보인다. 이미 애니메이션 업계 종사자와 게임 아트 디자이너, 그리고 번역가들이 설 입지가 줄어들고, 그들에게 지불해야 할 비용을 AI 활용으로 절감하려는 움직임이 본격화되고 있다. 저예산의 한계를 극복하고자 하는 중소영화사 노력의 일환이지만 2024년 영화의전당 부산영화기획전으로 소개된 〈원정빌라〉2024의 경우도 오프닝, 엔딩 크레딧과 챕터 구분 파트를 AI 딥러닝으로 제작해 작중에 삽입한 바 있고, 초보적인 AI 이미지의 불안정성과 낮은 작화 퀄리티를 비판받았음에도 KBS에서 애니메이션 〈전설의 고향 - 구미호〉2025를 공중파 방송으로 선보였으며, 제28회 부천국제판타스틱영화제는 그해 영화제의 모토로 AI 영화를 내세우며 한 섹션을 할당한 바 있다. 그러나 이와 같은 한국의 AI 열풍에는 유행에 대한 열광과 누구도 이것의 본질을 사유할 시간과 공간을 갖지 못한 사이에 한몫

챙기려는 한탕주의만 있을 뿐, 도덕적 판단은 철저히 결여되고 배제되어 있는 건 아닌지 의심스럽고 우려스러울 따름이다.

미국의 문화평론가 닐 포스트먼Neil Postman, 1931-2003은 인간이 만들어낸 기술이 압도적인 권위를 얻어 기술 그 자신 이외의 다른 대안을 제거하고, 종교, 예술, 정치, 역사, 진리 등의 의미를 새롭게 규정하기에 이르는, 즉 기술에 의한 총체적 지배가 이뤄지는 문화적 상황을 두고 '테크노폴리Technopoly'라는 용어로 규정한 바 있다. 굳이 극장가와 영화계의 상황뿐일까? 정치의 영역을 좌지우지하는 여론마저도 쉬지 않고 쏟아지는 가짜 뉴스와 정치 유튜버의 사설 방송에 의해 호도되고 혼란을 겪는 오늘날의 상황은 일찍이 닐 포스트먼이 지적하고 예견했던 테크모폴리 그 자체에 다름 아니다. 유사 이래 첨단 기술은 인간의 편익과 진보에 적잖이 기여하며 한 시대에 획기적인 전환점을 마련해 주었음을 부정할 순 없다. 하지만 무언가를 얻은 한 편으로는 다른 소중한 무언가를 잃어가고 있는 건 아닌지를 의심하고 회의해야 함을 잊어서는 안 된다고 그는 시사한다.

기술이 불러온 전환을 거부할 수는 없다. 다만 변화의 속도를 점진적으로 조율하고, 문명의 이기利器가 갖는 장점을 취하면서도, 그 혜택의 수혜자가 되어야 할 인간을 소외시키지 않는 방향으로 나아가는 절제의 지혜를 취할 수는 있을 것이다. 기술에는 도덕을 판단할 눈이 없고 가슴이 없다. 그렇기에 지금 우리에게 절실한 건 아이러니하게도 '숫자의 마력을 맹신하지 않고, 계산으로 판단을 대신할 수 있다고 믿지 않으며, 정확성을 진리의 동의어로 생각하지 않고' 과학과 기술의 대칭점에 있는 '서사와 상징' 그리고 '사랑으로 무장한' 사람과 문화적 낭만주의인지 모른다. 휩쓸리는 순간 금세 정신을 잃을 것 같은 격렬한 폭풍으로부터 한 발짝 물러서서 변함없이 자신의 자리를 고수하는 의식적인 보수주의, 시대의 흐름을 거스르고 예술의 전통적 형태와 가치를 지켜나가려는 문화적 반동이야말로, 어쩌면 다들 강박적으로 '전환'을 외치는 이 미치광이의 시기에 역설적으로 진정한 '전환'의 계기가 될 수 있지 않을까 하는, 시대착오적이고 대책 없는 생각을 한 번 해보는 것이다. 마치 전 세계의 핵미사일 발사코드를 쥔 AI 시대의 디지털 악당 엔티티에 온몸 날려서 맞서는 우리 시대의 돈키호테, 〈미션 임파서블: 파이널 레코닝〉2025의 아날로그 액션 영웅 이단 헌트처럼 말이다.

류영진

부산대학교 사회학과와 동 대학원에서 석사를 마치고 일본 후쿠오카대학에서 경제학 박사학위를 받았다. 현재는 일본 후쿠오카대학 경제학부 교수로서 재직하고 있다. 주요 전공 분야는 문화경제학으로 일상부터 예술에 이르기까지 다양한 문화적인 요소들이 경제에 어떻게 영향을 미치는가에 지속적인 관심을 가지고 연구 활동을 이어오고 있다.

일본 지성사의 엔진,
번역이라는 전환의 기술

오래된 그렇지만 단단한 전환의 기술

"우리는 무언가를 생각할 때 어떤 언어로 생각하고 있는가?"

 이 질문은 어쩌면 너무도 자명하게 들릴 수 있지만, 동시에 너무도 간과되는 질문이다. 2025년, 세계는 다시 한번 거대한 전환기의 문턱에 서 있다. 생성형 인공지능은 우리의 언어와 사유 사이의 연결을 고민하게 만들고, 국제정세는 흔들리는 평화와 실패한 민주주의 속에서 새로운 설명 체계를 요구하고 있다. 그리고 이 모든 급변하는 흐름 속에서, 우리는 다시금 '생각이란 무엇인가'라는 질문을 꺼내야만 한다.

 일본의 인문학자 나카무라 하지메中村元는 "문명의 수입이란 곧 번역이다"라고 말했다. 이 짧은 문장은 일본의 근현대 지성사 전체를 관통하는 문맥을 간결하게 담고 있다. 일본은 철학, 과학, 정치, 사회이론까지 거의 모든 지적 체계를 '번역'이라는 통로를 통해 수입했다. 하지만 그 번역은 단지 외국어를 일본어로 바꾸는 기술적 전환이 아니었다. 그것은 새로운 언어로 사유를 형성하고, 나아가 세계와 자아를 함께 재구성하는 문화적·정치적 장치였다.

예컨대, '자유'를 뜻하는 自由는 본래 도교적 의미의 '속박 없는 상태'를 가리켰다. 그러나 메이지 유신기의 번역자들은 이 단어에 존 스튜어트 밀의 자유론을 덧입혀 '근대적 개인의 권리'로 재의미화했다. 말은 같지만 세계는 달라진 것이다. 그래서 이번 글에서 이렇게 질문을 먼저 던져보고 싶다.

"일본은 어떻게 번역을 통해 세계를 만들었는가?"
"번역은 단지 전달이 아니라, 전환의 기술이 될 수 있는가?"

메이지 유신기의 번역 실험부터 전후 일본의 번역어와의 싸움, 그리고 지금 생성형 AI 시대에 이르기까지. 일본의 번역사는 단순한 지식의 수입을 넘어, 사유의 형성과 선택의 정치로 작동해왔다. 이 글은 그 역사의 길을 조용히 따라가며, 번역이라는 행위가 어떻게 전환을 만들어내는지를 곱씹어 보고자 한다.

말이 바뀌자 세계가 달라졌다! '발명된 번역어'

1870년대, 일본어에는 '자유'라는 말이 없었다. '권리'도, '국가'도, '계약'도 존재하지 않았다.

말이 없다는 것은 곧 사유의 경로가 없다는 뜻이다. 메이지 유신 직후, 일본은 문명의 문턱에서 전혀 다른 언어의 세계를 마주하게 된다. 유럽의 언어들은 낯설었다. 그러나 더 낯선 것은 그 언어들이 가리키는 개념과 세계관이었다. 자유와 권리, 사회와 계약은 단지 번역어의 문제가 아니었다. 그것은 일본 사회가 스스로 사유해 본 적 없는 방식으로 세계를 바라보게 만드는 이질적인 틀이었다.

후쿠자와 유키치福澤諭吉는 『서양사정』1866에서 '자유', '문명', '진보'와 같은 번역어를 창안한다. 자유自由는 원래 불교와 도교에서 쓰이던 '속박 없음'이라는 심정적 상태였다. 그러나 후쿠자와는 여기에 존 스튜어트 밀의 자유론을 덧씌워, 개인의 정치적 권리로서의 자유라는 새로운 세계를 불어넣는다. 문자만 보면 같은 단어지만, 그 단어가 품고 있는 세계는 완전히 달라진 것이다. 문명은 『예기』의 문명이광文明以光에서 가져오고, '진'과 '보'라는 두 한자는 일본에서 후쿠자와의 저서 속에서 처음으로 하나의 단어로 결합하게 된다. 나카에 조민中江兆民은 루소의 『사회계약론』을 번역하며 '민권民權', '천부인권天賦人權'이라는 단어를 만들어냈다. 단지 서양 철학을 소개하려던 것이 아니었다. 나카에는 이를 통해 일본어 내부에 저항과 정치를 위한 언어를 심으려 했다. 그가 번역한 것은 루소가 아니었다. 그가 번역한 것은 일본이라는 공동체의 미래였다.

이 시기의 번역자들은 단순한 언어 기술자가 아니었다. 그들은 사유의 개척자였고, 세계를 재조립하는 정치적 실험자였다. 일본의 철학자 니시 아마네西周에 의하여 '철학哲学', '예술藝術', '이성理性', '과학科學', '의식意識', '개념槪念', '연역演繹', '귀납歸納' 등의 용어가 탄생했다. 이 말들은 일본식 한자 조합으로 만들어진 역어들이다. 그 외에도 '사회社会', '경제經済', '문화文化', '자아自我', '노동勞働', '주관主観'과 '객관客観' 같은 단어들이 이 시기에 줄지어 탄생한다. 아마 우리들이 오늘날 알고 있는 대부분의 개념그러고 보니 이 개념이라는 말도 일본이 만든 역어이다들은 일본에 의해 만들어진 번역어이리라. 이 단어들은 번역어였지만, 곧 일본인이 세상을 이해하는 자기 언어가 되었고, 동시에 세계를 해석하는 일본의 창문이 되었다. 말이 바뀌자 세계가 달라졌다. 일본의 근대는 번역 없이 도달할 수 없는 문명이었다. 그리고 그 번역은 지금 우리가 사용하는 말속에 조용히 살아 있다.

하지만 번역은 정직하지 않았다! '의도된 변형'

어떤 단어는 뜻을 옮긴 것이 아니라, 질서를 바꾸기 위해 발명된 것이다. 일본에서 '국가国家'는 그런 단어였다. 메이지기 일본은 문명을 수입하였고, 그 문명은 주로 번역된 언어로 이루어졌다. 하지만 그 언어들은 결코 중립적이지 않았다. 서양의 시민사회 개념은 천황 중심의 신민 체계에 맞게 조율되었고, 자유는 질서를 어기지 않는 한도 내에서의 자유로 다듬어졌다. 번역은 이념의 변형을 위한 도구였다. 아니, 체제를 유지하기 위한 기술이라는 말이 더 적당할지도 모르겠다. 예컨대 '주권'이라는 말은 서구에서는 인민의 대표성 혹은 국가의 자율성을 가리키는 개념이었다. 그러나 일본에서의 주권은 존재는 하지만 언제나 천황에게만 귀속되는 것이었다. 같은 단어였지만, 그 단어는 전혀 다른 정체성을 구성하고 있었다.

일본은 이를 화혼양재和魂洋才, 와콘요사이라는 말로 정당화하였다. '몸은 서양의 옷을 입되, 마음은 일본인의 것으로.' 이 슬로건은 사상의 수입을 가능케 했지만, 동시에 가공된 전통을 통해 새로운 지배 이데올로기를 창출했다. 서양의 '법치'는 국체國體로 대체되었고, '평등'은 질서 유지와 도리道理라는 이름 아래 의무로 전환되었다. 말은 살아남았지만 뜻은 살아남지 못했다. 이러한 번역은 제국 일본의 확장과 식민지 지배에서도 반복되었다.

'문명', '근대화', '자주'라는 이름은 지배의 언어로 다시 번역되었다. 특히 조선과 대만, 만주에 이르는, 지배 속의 언어들은 근대라는 껍데기를 씌운 채, 제국의 가치로 덧칠된 개념어들로 구성되었다. 번역은 일본에 문명을 가져다주었지만, 그 문명은 해석되고 걸러진 문명, 의도된 문명, 그리고 종종 이용된 문명이었다. 어떤 단어는 새 세계를 향한 창이었지만, 어떤 단어는 그 창문을 밖에서만 열 수 있도록 설계된 감옥이기도 했다. 일본 근대 지성의 번역은 그 두 가지 의미 사이에서 줄곧 비틀거려왔다.

사회를 번역하고, 국민이 번역되다.

일본어에 '사회社会'라는 말이 처음 등장한 것은 19세기 말의 일이다. 그 이전에 '사회'는 없었다. 아니, 사회를 그렇게 말해본 적이 없었다. 일본이 메이지 유신 이후 받아들인 수많은 개념들 중에서도 가장 낯설고도 막막했던 단어 중 하나가 바로 'Society'였다. 콩트, 스펜서, 뒤르켐, 베버, 마르크스, 짐멜… 이들이 말하는 '사회'는 일본의 일상 감각으로는 좀처럼 잡히지 않는 추상적 대상이었다. 그래서 일본은 먼저 '사회'를 번역해야 했다. 그리고 곧 깨닫게 된다. 이 사회라는 말은 단지 번역할 수 있는 대상이 아니라, 만들어내야 하는 어떤 것이라는 사실을 말이다.

'사회'는 사람들 사이의 일시적 무리, 전통 공동체, 혹은 마을을 뜻하지 않는다. 서구 사회학에서의 사회란 계약에 기초한 자율적 구성체, 이익의 분화와 권력의 충돌이 전제된 공간, 상호작용의 장이자 정치와 경제가 때로는 섞여, 때로는 분리되어 존재할 수 있는 장이다. 일본은 그 사회를 번역하면서도, 그러한 구조를 온전히 수용할 수 없었다. 왜냐하면 일본의 전통은 사회보다 국체가 먼저였기 때문이다. 공동체는 언제나 천황의 아래에 있었고, 인간은 언제나 가족과 국가의 위계 속에 자리 잡아야 했다. 그런 공간에 '계약된 사회'는 너무 이질적이었다. 그래서 일본의 사회학은 이론의 수입이 아니라, 언어의 조정부터 시작될 수밖에 없었다. 뒤르켐의 '집합의식'은 마을공동체의 정서와 결합되었고, 베버의 관료제 이론은 효율성이 아니라 통제의 정당성으로 읽혔다. 마르크스의 계급 이론은 위험했고, 따라서 은유와 우회로 포장되어야 했다. 번역은 학문이 되기 전부터 이미 현실과 싸워야 하는 행위였다. 그럼에도 불구하고 일본의 사회학자들은 포기하지 않았다. 아니, 오히려 더 치열했다. 그들은 개념어를 하나하나 만들어 나갔다.

'사회화社會化', '공공성公共性', '계층階層', '근대성近代性', '규범規範', '일탈逸脫'…. 이 낯선 단어들은 일본어가 아니라, 일본어처럼 보이는 번역의 산물이었다. 그리고 이 단어들은 곧 동아시아 전체로 퍼져나가며, 한국과 대만, 중국의 사유 체계를 뒤흔들었다. 일본은 사회학의 번역을 통해, 어느새 개념의 수출국이 되어 있었다. 이것이 의미하는 바는 간단하다. 번역은 주변적 기술이 아니라, 중심적 실천이었다. 일본은 '사회'를 번역하며, 곧 '자기 자신'을 상상해갔다. 그것은 단지 외국어를 이해하는 일이 아니라, 자신이 사는 세계를 어떻게 말할 것인가에 대한 결단의 문제였다. 그리고 그 결단은 여전히, 언어라는 방식으로 우리에게 남아 있다.

'국민'이라는 말은 1947년에야 일본 헌법을 통해 등장했다. 그전까지 일본 사람들은 스스로를 '신민臣民'이라 불렀다. 말이 달라지자, 사람들은 새로운 정체성을 살아야 했다. 하지만 그 변화는 과연 진심이었을까? 제2차 세계대전 이후, 일본은 폐허 위에 새 체제를 세워야 했다. 미국은 '민주주의'라는 이름 아래 헌법을 만들었고, 평화국가라는 정체성을 부여했다. 자유, 권리, 평등, 표현의 자유, 양성평등, 국회의 기능, 사법의 독립… 모든 개념은 미국식 텍스트에 기반을 두고 있었다. 일본은 그것을 일본어로 번역했다.

그러나 문제는, 그것이 정말 '일본의 언어'였는가이다. 민주주의democracy는 '민주주의民主主義'가 되었고, 헌법constitution은 '日本國憲法'이 되었지만, 그 말이 담고 있는 세계관과 인간관은 일본 사회 전체에 충분히 전달되지 못했다. 한편에서는 자율적 시민사회와 주권 개념을 이야기했지만, 다른 한편에서는 여전히 천황이 '국가의 상징'으로 존재하고 있었다. 국민이라는 말은 종이 위에 쓰였지만, 거리의 사람들은 여전히 정치에 침묵했고, 관료주의는 '설명 없는 결정'이라는 이름으로 작동하고 있었다. 마루야마 마사오丸山眞男는 「전후민주주의의 이론과 그 빈곤」1956에서 한 마디로 이 상황을 설명했다. "일본은 민주주의를 번역했지만, 사상으로 내면화하지는 못했다." 그는 전후 일본의 정치 문화가 모방된 자유, 이식된 평등, 비판 없는 합의 위에 세워졌다고 진단했다. 민주주의는 일본어가 되었지만, 일본의 언어가 되지는 못했다.

이 언어적 틈은 외교에서도 반복되었다. 일본은 '사죄'라는 말을 수없이 해왔다. 하지만 그 말은 때때로 너무 얌전하고 정중하며, 마치 피해자가 아닌 누군가를 향한 형식적인 수사처럼 들리기도 했다. 사과는 했지만, 감정은 없었고, 단어는 있었지만 기억은 비켜나 있었다. '책임', '반성', '기억' 같은 말들은 자주 사용되었지만, 그 실천은 여전히 타인의 언어를 빌린 문장으로 남아 있었다.

번역된 민주주의는 일본을 바꾸었다. 그러나 그 민주주의가 누구의 목소리로 말해졌는가를 묻는다면, 대답은 여전히 조심스러워진다. 번역은 새로운 사유의 문을 열 수도 있지만, 때로는 그 문을 밖에서만 열 수 있게 만든다. 말은 바뀌었지만, 그 말이 지닌 세계가 정말 바꼈는지는, 아직 답해지지 않은 질문이다.

'번역 이후'. 번역은 여전히 일본 지성에 있어서 전환의 기술인가?

요즘은 번역이 너무 쉬워졌다. AI는 언어를 학습하고, 의미를 예측하며, 말과 말을 연결한다.

그러나 "그 번역이 정말 사회와 세계를 옮길 수 있는가?"라고 묻는다면, 대답은 그렇게 간단하지 않다. 일본은 근대 이후, 줄곧 번역을 통해 문명을 받아들이고, 번역을 통해 자기 언어를 만들며, 번역을 통해 사유의 궤도를 설계해 왔다. 철학도, 사회학도, 정치도 모두 외국어를 일본어로 바꾸는 과정 속에서 재해석되고, 때로는 왜곡되며, 어떤 경우에는 완전히 새로운 것이 탄생했다. 그 번역은 때로 체제를 만들었고, 때로 체제를 숨겼다. 때로 세계를 확장했고, 때로 세계를 가둬두기도 했다.

그렇다면 이제 묻자. 일본 지성은 과연 '번역 이후'에 도달했는가? 다시 말해, 더 이상 번역의 모방마루야마 마사오는 이를 '유사 보편주의'라고도 불렀다을 반복하지 않고, 번역 위에서 자기 사유를 창출하는 새로운 언어를 만들 수 있는가? 사실 이 물음은 일본만의 것이 아니다. 한국, 대만, 중국… 제국주의와 식민, 근대화와 민주주의를 모두 타자의 언어로 배워야 했던 지역들에서, 번역은 단순한 언어의 문제가 아니었다. 그것은 존재와 자각의 실험이었다.

오늘날, 번역은 다시 기술에 맡겨지고 있다. 기계는 말을 정확하게 옮긴다. 그러나 그 말이 살아온 맥락, 고유한 감각, 역사와 사유의 물기를 품은 '의미'까지 전해주는 일은 아직 인간의 몫이다. 우리가 사는 세계는 여전히, 번역이라는 해석의 행위를 통해 비로소 가시화된다. 일본의 번역 지성사는 그것을 보여준다. 번역이 어떻게 세계를 구성했고, 또 어떻게 자기 세계를 선택했는지를. 그 시도는 완결되지 않았고, 지금도 여전히 유효하다. 그리고 이 시대의 전환 앞에서, 우리는 다시 번역의 문장 위에 서게 된다. 그 문장은 물을 것이다.

"지금 당신이 쓰고 있는 말은 누구의 언어인가?"

전성현

삶의 터전인 지역에 토대를 두고 '방법으로서 지역'을 통해 근현대 부산, 한국, 그리고 동아시아의 역사와 문화에 관심을 기울이며 연구하고 있다. 또한 지역민과 함께 지역의 역사를 실천하는 공공역사의 장(역사의 재현)인 구술, 전시, 기록, 유산, 문화콘텐츠 등의 영역에도 적극 개입하고 있다. 현재 동아대학교 사학과(겸) 석당학술원 교수이며, 국가보훈부 독립유공자 서훈 공적심사위원, 경상남도 기록물심의위원, 부산광역시 문화재위원 및 세계유산위원 등으로 활동하고 있다.

'전환'과 해방 80년

인류의 역사에서 인간은 지금까지 걸어온 길과는 다른 방향으로 몸을 바꾸는 이른바 '전환'을 경험해 왔다. 이러한 다양한 차원에서의 전환은 정치, 사회, 경제, 문화 등 전 영역에서 독립적이거나 서로 연쇄적인 방식으로 다양한 전환의 시기를 거쳐 지금까지 이르렀으며, 앞으로도 다양한 전환과 그 시기에 직면할 예정이다. 이와 같은 전환은 인류와 연관된 외부로부터 기인하기도 하고 내부로부터 기인하기도 하며 우연적인 계기는 물론이고 필연적인 계기로 말미암아 도래하기도 한다.

2025년 현재 한국은 다층다양한 차원과 연동하며 전환의 시기에 놓여 있다고 할 수 있다. 특히 역사의 관점에서 행성사적 차원의 전환, 세계사적 차원의 전환, 한국사적 차원의 전환에 직면하고 있다. 더불어 그 영향 아래 인구 소멸에 봉착한 지역사적 차원의 전환도 마찬가지이다. 그렇다면 인간을 둘러싼 환경의 전환에 따른 신체의 전환도 당면한 과제라고 할 수 있으며, 전환의 시대는 그만큼 모든 영역의 변화를 요구하고 있다.

 한편, 환경의 전환과 신체의 전환 사이에는 일정한 시간적 간극이 존재한다. 시선의 방향이 외부의 힘에 의해 전환될 수는 있으나, 신체의 전환을 위해서는 신체 자체의 변화가 필수적이다. 이는 신체가 그만큼 변화에 느리게 반응하는 특성을 지니기 때문이다. 인간의 신체는 기존 환경에 높은 친화성을 지니므로, 새로운 환경에 적응하고 전환하기 위해서는 단지 인식의 변화뿐만 아니라, 몸의 전환을 실현할 수 있도록 하는 신체 훈련이 요구된다.

 이를 촉발하기 위한 여러 기제 중 하나가 이른바 과거에 대한 반성적 성찰이다. 밖으로부터 규정하는 힘에 의한 전환은 일견 효율적인 것처럼 보이지만 작용과 반작용이라는 물리적 현상에 따라 실현이 지난할 수도 있다. 그래서 새로운 전환의 시기를 능동적이고 긍정적으로 맞이하기 위해서는 전환의 원인과 함께 그 내용에 대한 면밀한 검토와 이해는 물론 스스로 과거의 반성적 성찰을 통한 환경과 신체의 변화를 추동하지 않으면 안 된다. 사실 과거의 역사적 이해는 이와 같은 전환의 시기 반성적 성찰을 통한 신체의 변화에 영향을 미친다. 따라서 전환의 시대적 과제에 과거의 역사적 성찰은 의미 있는 역할을 수행할 수 있다. 우리가 직면한 전환의 시기를 해방 80년의 관점에서 살펴보고 역사의 반성적 성찰을 통해 새로운 전환의 시대로 나아가길 희망한다.

현재 한국이 직면한 다층적 전환의 분위기를 간단하게나마 확인해 보자. 먼저, 가장 주목할 만한 전환의 분위기는 지구사 또는 행성사적 차원의 전환과 관련이 있다. 지구 행성사적 전환은 글로컬한 현실에서 세계, 한국, 그리고 지역사적 전환과 긴밀하게 연결되어 있다. 흔히 지구의 역사에서 가장 더딘 전환의 기준으로 자연사 영역에서 제시되곤 했던 지질학적, 지구 시스템적 전환이 행성사적 차원의 전환으로 부상해 전 세계적으로 주목받고 있다.

지구 행성의 역사에서 인간은 인간 중심의 역사를 창조했다고 주장한다. 하지만 인간은 사실상 주요한 지구 행성사적 전환의 주체가 되지 못했다. 그런데 최근 인간에 의해 지구에 지질학적, 지구 시스템적인 차원에서 깊은 흔적을 남기고 있다는 인식과 함께 전환의 시기에 직면했다는 주장이 제기되었다. 이 주장에 의한 전환은 현재의 지구라는 행성이 인간 중심주의의 반영이긴 하지만 우리를 새로운 유토피아의 세계로 이끄는 것이 아니라 디스토피아의 세계로 이끌고 있다고 하는 차원에서 주목받고 있다.

즉, 인간과 자연의 관계에서 인간이 지배하는 현시대를 '인류세'로 규정하고 인류세가 종국적으로 인간의 풍요로운 세상을 만드는 것이 아니라 오히려 지구 멸망이라는 암울한 미래를 초래한다는 것이다. 최근의 COVID-19과 같은 팬데믹이나 잦은 지진, 태풍, 산불 등 기후 재난과 위기는 물론이고 내전과 전쟁 등이 그 징후로 회자되고 있는 것은 주지의 사실이다. 따라서 지구 행성적 전환의 시기에 우리는 그간의 인간 중심주의에 의해 인간과 자연 또는 인간과 비인간을 구분하던 것에 대한 문제 제기와 반성적 성찰을 통해 모든 것을 사물화하고 관계 맺기의 장으로 이해하는 한편, 포스트 휴먼을 사유해야 한다.

한편, 세계사적 차원의 전환은 지구 행성사적 전환의 문제를 인류세의 관점이 아니라, 보다 실체적이고 명확한 영역인 자본주의 체제의 문제로 포착하고자 한다. 즉, 문제의 시작을 보편적 인류가 아닌 인간 중심의 근대로부터 파악해 자본과 권력의 문제로 인식한다. 이는 세계사적 전환을 위해 인류의 보편성을 문제 삼는 것이 아니라 이와 같은 문제를 배태한 행위 주체와 자본에 관심을 기울이는 것이다.

따라서 이 경우 현시대를 인류세가 아니라 '자본세'로 명확하게 규정한다. 구체적인 예를 들면, 기후 및 정치적 분쟁 위기의 중요한 요인으로 강조되는 화석 연료와 그 사용에 있어 인류세의 입장에서는 화석 연료를 사용하는 인류의 보편적 문제를 제기한다. 하지만 자본세의 입장에서는 과반 이상이 산업화 초기 영국 및 서구 자본주의에 의한 것임을 강조하는 점에서 명확하게 자본주의 및 제국주의 국가를 문제 삼는다.

근대사회로의 전환은 역사의 주체를 신에서 인간으로 바꾸어 놓았다. 근대성은 인간 중심의 철학적 기반이었다. 그런데 근대 역사에서 표면적인 주체는 보편적 인간이지만, 사실 이면의 주체인 권력의 중심은 남성, 백인, 성인이며 그 토대는 자본주의였다. 따라서 백인 남성 중심주의는 자본주의와 제국주의의 양 날개로 자연, 여성, 식민지를 개발과 성장이라는 수사 아래 착취했다. 그렇게 개발하고 성장한 자본주의 세계는 다양한 측면에서 불평등한 세계를 만들었다. 이 때문에 착취의 대상이었던 다양한 영역으로부터 도전에 직면했으며 그와 같은 갈등과 불화 자체가 이미 디스토피아적인 세계를 예정하지 않을 수 없었다. 따라서 현재를 자본세로 바라보는 입장에서는 개념 규정 자체가 자본의 문제를 드러내는 것이고 이를 극복하는 전환의 시기를 열지 않으면 안 된다는 것이다.

그런 의미에서 자본세는 개발과 성장의 논리와 함께 자연과 여성, 그리고 식민지, 더 나아가 지역을 착취한 토대 위에 구축한 세계이다. 인간 사회의 위계질서와 그 불평등은 점차 심화될 수밖에 없었다. 이에 인간/자연, 민족/인종, 국가/사회, 지역/지방, 계급/계층, 젠더 사이의 다양한 갈등과 불화가 야기되었으며 그 여파는 지금까지 이어지고 있다.

자본주의적 개발과 성장의 착취 과정은 하위 단위로까지 확장해 지역사적 차원의 문제를 자아내었다. 인구 소멸은 세계사적이고 한국사적인 개발과 성장의 또 다른 이면이라고 할 수 있다. 그럼에도 불구하고 세계와 한국, 그리고 지역은 아직도 개발과 성장의 담론 속에서 헤어 나오지 못하고 있다. 그 전환의 시점인데도 불구하고 말이다.

더군다나 한국사적 전환의 차원에서 이 개발과 성장의 신화는 또 다른 차원의 문제에 직면하게 만들었다. 즉, 2024년 12월 3일 이래 전개되는 일련의 사건은 우리 사회의 지도적 위치에 있는 사람들의 실체와 그 존재 기반 및 허약성을 그대로 드러내 주었다. 이들은 스스로 대단한 능력을 가지고 있으며 대한민국의 주류이고 지도적 위치에 있다고 생각하는 듯하다. 그러나 이들은 20세기 한국의 역사적 과정에서 청산하지 못한 한 존재에 지나지 않는다. 해방의 전환기에 반성적 성찰이 제대로 이루어지지 못한 역사의 과오 때문에 존재하게 되었다는 점을 망각하는 듯하다.

대한민국 정부 수립 이래 국가 존립의 기반으로 추진된 개발과 성장의 역사는 제국주의에 의한 개발과 성장이 지닌 식민성을 자본주의에 의한 개발과 성장으로 바꾸며 지도자의 영역에서 일부의 교체에 지나지 않게 했다. 오히려 제국주의와 식민주의 아래 기생하던 자본주의와 소위 자신만의 안위와 이익을 위해 복무했던 반성과 청산의 대상을 그대로 유지해 버렸다고 해도 과언이 아니었다. 즉, 식민성과 근대성이 동전의 앞뒤였음에도 불구하고 개발과 성장이라는 근대성을 화두 삼아 식민성의 유산을 계승하는 차원에서 유지 지속되게 만들었다고 해도 틀리지 않을 것이다.

특히 일제의 잔재로 반성하고 청산해야 할 인적 유산의 유지와 지속은 새로운 시대로의 전환을 불가능하게 만들었을 뿐만 아니라 좌절시켜 버렸다. 그리고 이 과정을 통해 그들은 자신들의 추악한 과거를 은폐하고 자본 권력에 집중하는 한편, 이를 다시 독점하며 지금까지 반공이든 자유민주주의든 변신에 변신을 거듭했다. 그 때문에 오늘날 다층적으로 전개되고 있는 전환의 시기에 다시 질곡으로 드러났던 것이다.

이 같은 상황은 근대 이후 성장한 한국의 계몽 지식인과 그로부터 분화된 다양한 세력의 계보와 그들의 근대화론을 통해 보다 명확하게 확인할 수 있다. 이들이 주장한 근대화는 경제적 측면에서 자본주의 생산 양식을 받아들이는 것이고 정치적 차원에서는 국민국가의 수립이었다. 이를 위한 방법으로 자주 독립적 '사회화' 또는 근대화를 주장하는 측이 있었던 반면, 외세 의존적 근대화를 주장하는 측도 존재했다. 제국주의와 자본주의의 폭력적 힘에 압도된 자주 독립적 사회화 또는 근대화를 주장하는 세력은 억압 배제된 반면, 외세 의존적 근대화를 주장하는 이들 지식인과 분화된 다양한 세력은 식민 권력의 민족 분열 정책과 동화정책의 결과, 일본의 식민지화를 받아들이고 이를 통한 근대화에 매진했다.

특히 이들의 행보는 이광수를 통해 보다 잘 드러났다. 이광수는 민족의 실력을 양성한다는 표면적 명분을 내세우며 친일의 길도 주저하지 않았다. '민족의 실력'은 자본주의적 개발과 성장의 다른 이름이었다. 그가 2·8 독립선언과 임시정부에 잠깐 참여한 것도 미국의 윌슨이 주장한 '제한적' 민족 자결주의 선언이라는 외적인 정세와 조건에 의해 추동된 것이고, 자본주의적 자유와 권리를 일제가 구속했기 때문이었다. 그러나 외세 의존적 자본주의 자유와 권리라는 주장은 식민자 일본인과 자신도 포함된 한줌 조선인들의 권력 유지와 자본 축적 욕구를 채워주기 위해 조선인의 피와 땀과 눈물을 뽑아내는 운동 논리였다.

그는 1945년 해방 이후 반민특위에 체포되어 법정에 섰을 때 『나의 고백』을 통해 징용에서는 생산 기술을 배우고 징병에서는 군사 훈련을 배울 것을 주장했다. 또한 산업 훈련과 군사 훈련을 받은 동포가 많으면 많을수록 우리 민족의 실력은 커질 것이라고도 주장했다. 결국 자본주의적 개발과 성장을 위해 민족과 이웃, 즉 타자를 희생시킨 것이었다. 이는 자본과 권력을 지닌 일부 지도자와 지식인을 제외하고 모든 국민을 희생시키는 것과 다르지 않았다. 이후 한국 사회의 변화 과정을 보면 이들 세력의 분파는 변신을 거듭하며 개발과 성장이라는 자본주의 성장의 일로에 매진하는 한편, 민주주의와 평등을 억누르고 배제하고자 한 삶이었다는 것은 주지의 사실이다.

그런 점에서 제국 일본으로부터 독립과 해방이라는 1945년의 시대적 과제는 해방 80년인 현재까지 여전히 미완이며 새로운 시대의 전환에 직면한 오늘날에도 여전히 이어질 수밖에 없다. 특히 자본을 중심으로 하는 근대라는 기득권 세력의 지속과 그 신화는 반공주의든 자유민주주의든 계급, 계층, 신분의 변화를 통해 옷을 바꿔 입었다고 해도 유지 지속되었으며 이번 사건을 토대로 적나라하게 그 실체를 드러내었다고 할 수 있다.

역사적으로 1945년 8월 15일 해방은 새로운 독립 국가의 수립 열망은 물론 과거의 반성적 성찰을 토대로 한 새로운 시대에 대한 전환의 기운으로 가득 찼다. 사실 법적 제도적 시스템의 변화가 새로운 시대로의 전환을 제대로 추동할 수 있을 것이라는 생각은 미소 군정과 냉전체제, 그리고 한국전쟁을 거치면서 반공 이데올로기와 독재 정권에 의해 산산이 조각났다. 오히려 민주적인 법과 제도의 도입과 구축 이전에 과거의 철저한 반성과 성찰을 통한 민주적이고 평등한 인간과 신체의 구축이 먼저였다는 점은 명백하다.

  현재 한국의 시대적 전환은 이와 같은 인적 토대의 청산과 신체의 변화가 이루어져야 다층적 전환의 분위기 속에서 현재와 미래에 대한 희망이라도 품을 수 있지 않을까.

일제의 잔재로 반성하고 청산해야 할
인적 유산의 유지와 지속은
새로운 시대로의 전환을
불가능하게 만들었을 뿐만 아니라
좌절시켜 버렸다.
그리고 이 과정을 통해
그들은 자신들의 추악한 과거를
은폐하고 자본 권력에 집중하는 한편,
이를 다시 독점하며 지금까지
반공이든 자유민주주의든
변신에 변신을 거듭했다.
그 때문에 오늘날 다층적으로
전개되고 있는 전환의 시기에
다시 질곡으로 드러났던 것이다.

차윤석
전환의 대가

강동진
**부산, 발상의 대전환이
필요한 지금**

고봉준
**한국문학의 생태적 전환을
위하여**

조봉권
**『대등의 길』을 다시 꺼내 읽으며
전환을 궁리했다**

정훈
**쓰기, 새로운 국면의 자기 정립을 위한
날숨을 위하여**

차윤석

부산대학교 도시공학과를 졸업하고 도시디자인을 공부하기 위해 베를린공과대학 건축학과로 유학해 학부와 석사 과정을 마쳤고 이후 여러 건축사무소에서 실무 경험을 쌓았다. 단독주택부터 대형 쇼핑몰까지 여러 스케일의 건축 작업과 아부다비 메트로 프로젝트, 카타르 루자일 경전철 프로젝트 등의 도시 스케일 작업에 독일 건축사로 참여했다. 귀국 후 부산의 동아대학교 건축학과 교수로 재직하였으며, 현재는 건축이론학자로서 집필과 강의에 매진하고 있다.

전환轉換의 대가代價

근대건축의 도입은 우리 건축의 역사에서 가장 큰 전환점이었다고 해도 과언은 아니다. 그렇다면 그 시작이 언제였냐고 물어보면 논란의 여지 없이 1876년 개항과 함께 서양 건축이 도입된 시기라는 대답을 들을 것이다. 말이 개항이지, 소위 말하는 통상조약이란 명목으로 강제적 문호 개방이 이루어졌다. 서구 자본주의의 급속한 성장은 자연스럽게 해외 식민지 개척으로 이어졌고, 이는 제국주의로 이어지게 된다. 당시 조선 또한 이러한 세계사의 소용돌이를 피해갈 수는 없었을 것이다. 1832년 영국의 교역 신청을 필두로 프랑스·러시아 등 여러 국가의 통상 요구가 있었으나 조선은 이를 거절한다. 이를 빌미로 서구 열강의 조선 침략이 시작되었고, 1866년 병인양요와 1871년 신미양요까지 짧은 기간 동안 두 차례의 전란을 겪게 된다. 이와 같은 서구 여러 나라의 통상 요구에 자극받은 일본은 조선 정부에 수교를 요구하였으나, 이 역시 실패로 돌아갔다. 이를 빌미로 일본은 1875년 운요호사건雲揚號事件을 일으켰다. 통상과 침략을 위한 미끼 작전이었으며, 일본은 당시 국제법도 위반하였으나, 마음먹고 달려드는데 장사가 있겠는가? 결국 다음 해인 1876년 무력으로 강화도에서 조일수호조규朝日修好條規가 체결되었다. 흔히 알고 있는 강화도조약이다. 항구의 개항과 무역의 불간섭, 수출입 면세 조항 허가 등 일방적인 불평등조약으로 통상적인 국제관계에 대한 조약은 분명 아니었다. 이 과정이 어디선가 많이 본 느낌이 난다면, 제대로 본 것이 맞다. 일본이 개항 당시 미국에게 당했던 방식을 거의 그대로 조선에게 적용한 것이니까.

이런 과정을 통해 서양의 근대건축이 이 땅에 들어오게 된 지도 벌써 150년 정도 지났으니, 결코 짧지 않은 시간이다. 당시 시대 상황을 고려하면 결코 필요나 자의로 받아들인 것이 아니니, 이래저래 탈도 많고 말도 많은 것은 당연하다. 하지만 시간은 모든 감각을 무디게 만드는 법이다. 도입과 시작의 적절성 여부를 떠나, 150여 년이 지난 오늘날에는 이미 우리 건축의 한 축으로 정착했다는 점에서는 큰 이견이 없을 것으로 본다. 물론 무뎌진 시간 감각과 세월이 오늘날 우리 건축이 가진 문제의 원인

이기도 하다. 스스로 받아들이지 않은 변화는 언제든지 부정할 수 있는 여지가 있기 때문이다.

150여 년이란 시간은 길다면 길고, 짧다면 짧은 시간이다. 그렇다면 지난 150년 동안 우리의 건축은 얼마나 변화하고 발전했을까? 우선 개항 당시 도입된 서양 건축은 다양한 주체들에 의해 여러 나라의 건축양식이 무분별하게 도입되었다고 해도 과언은 아니다. 조선의 기존 건축양식에 더해 고딕에서 신고전주의, 그리고 당시 우리는 듣지도 보지도 못했던 각 나라의 특징적 건축양식까지 그냥 마음대로 여기저기 지어졌던 시절이다. 말 그대로 혼란의 시기였다고 평가할 수밖에 없을 것이다. 거기다 조선이 일본에 합병되면서 소위 말하는 식민지 건축이 등장했으나, 조선이 새로운 건축 체제에 관여할 수 있는 상황은 아니었다. 이와 더불어 건축에 변화를 가져온 것이 **교육기관의 설립**이다. 물론 이 역시 당시 우리의 의지와는 무관했다. 서양 건축을 가르치는 근대적 건축교육기관이 설립되었다는 것은 **전통 건축이 배제되고**, **서양 건축 중심의 시대**가 시작되었다는 의미이다.

우리나라 근대 건축교육의 시작 시점에 대해서는 크게 두 가지 견해가 있었던 것으로 파악된다. 하나는 1906년 대한제국 때 설립된 공업전습소工業專習所라는 주장이고, 다른 하나는 이 공업전습소가 1916년 승격되면서 설립된 경성공업전문학교京城工業專門學校라는 주장이다. 이후 경성공업전문학교는 1922년 경성고등공업학교로 개칭되었다가, 다시 1944년 경성공업전문학교가 되었다. 해방 이후 미군정에 의해 경성광산전문학교와 함께 대학기관인 경성제국대학 이공학부에 흡수되었으며 서울대학교 공과대학으로 재편되면서 오늘날 서울대학교 건축공학과의 전신으로 인정받고 있다. 한때 어느 쪽이 우리나라 근대건축교육의 시작이었는지 약간의 논쟁이 있었으나, 오늘날에는 경성공업전문학교가 시작이었다고 보는 것이 학계의 정설이다.

여기서 초점을 맞추어야 할 부분은 당시의 교육과정이다. 초기 경성고등공업학교 건축과에 관한 1차 자료를 구할 수 없어, 정확한 재구성은 힘들다. 하지만 다양한 자료를 참고한 결과 1930년대 교과과정은 어느 정도까지는 재구성이 가능할 듯하니 이 점을 염두에 두고 읽어주기 바란다.

우선 경성고등공업학교 건축과의 한 학년은 39학점으로 구성되며, 공통과목과 전문과목으로 구성되어 있다. 이러한 구분은 오늘날 교양과목과 전공과목에 해당한다고 이해하면 되겠다. 객관적으로 비교할 수는 없지만, 학점 구성은 오늘날에 비해 과도하게 많은 편으로 보인다. 연도에 따라 다소 변화는 있었으나,

전공과목은 **건축재료, 재료 강약 및 구조 강약**오늘날 구조역학, **수력학, 철근 철골구조, 가옥구조, 설계 및 시공, 측량, 건축사, 건축계획, 조형, 제도, 공업위생, 공업 경제, 지질학, 법규** 등으로 정리된다. 전체적인 구조는 오늘날 대학의 교과과정과 아주 유사하다고 보아도 큰 문제는 없다. 다만 여기에 관련된 도서의 양이 1920년대까지 극히 미비했던 것으로 보아, 교육의 질은 가르치는 사람의 지식에 크게 좌우되었던 것으로 보인다.

이 교육과정과 방식은 오늘날에도 크게 달라지지 않은 것으로 보인다. 해방 이후 수십 차례의 교육제도 개편이 있었고, 학교마다 다양한 강의를 개설하고 교과과정을 정비했다. 2000년대 초반에는 외국의 학제를 도입해 대부분의 학교에서 공과대학에 속해있던 건축공학과에서 건축학과를 분리시키고 5년제로 전환했다. 하지만 필자는 이 수많은 변화들이 어떤 차이가 있는지 잘 이해되지 않는다. 여기에는 선진국의 제도를 받아들이면 더 좋아질 것이라는 믿음과 더불어 건축을 예술과 기술이라는 이분법적 잣대로 명확히 구분할 수 있다는 믿음이 바탕이 된 것으로 판단된다. 하지만 필자는 이런 구분은 불가능하다고 생각한다. 적어도 건축에서 예술과 기술은 원래 하나의 개념이었으며, 이 둘을 분리하는 것은 불가능하기 때문이다. 그래도 **"예술은 예술이고 기술은 기술이 아니냐?", "단어가 다른데 어떻게 하나의 개**

념이냐?"라고 질문하는 분들은 적어도 건축에서 필요한 예술과 기술에 대해서는 잘못 알고 있는 것이다. 결국 전문 교육의 목표는 연구와 공부, 그리고 이들을 적절하게 실무에 적용시키는 방법이며, 이것이 기본이다. 과연 우리의 교육에서는 이러한 기본이 제대로 이루어지고 있는가?

여기서 잠시 일본의 초창기 근대건축과 건축 교육의 시작과 우리나라에 미친 영향에 대해 알아보자. 왜냐하면 당시 일본의 교육방식이 우리나라에 거의 그대로 도입되었기 때문이다. 물론 이러한 교육방식이 건축 분야에만 국한되지는 않는다.

근대 일본의 건축설계는 **일본 근대건축의 아버지**라 불리는 영국 건축가 **조시아 콘도르**Josiah Conder, 1852~1920에 의해 주도되었다. 그는 런던 대학교에서 건축을 배운 후, T.R. 스미스 밑에서 견습생으로 일하고, 윌리엄 버제스William Burges, 1827~1881의 사무실에서 1873년에서 1875년까지 2년간 일한 것으로 알려져 있다. 이듬해인 1876년 영국 왕립건축가협회에서 손 메달Soane Medal을 수상한 후에는 일본 메이지 정부와 5년간 계약을 했다. 이듬해인 1877년 그는 일본으로 건너가 공부대학교 조가학工部大学校 造家学, 현 도쿄대학 공학부 건축학과의 교사를 맡게 된다. 그가 당시 동양에 대해 관심을 가졌다는 설은 있으나, 정확히 어떤 경로를 통해 일본에서 건축을 가르치게 되었는지는 확실하지 않다. 콘도르에 대한 일본의 자료에 따르면, 그는 공부대학교의 교사직을 원치 않았다고 한다. 개인적 문제였는지 정치적 문제였는지는 알 길이 없으나, 콘도르 본인은 일본 측의 교사직 제안을 한 번 고사한 것으로 알려져 있다. 하지만 일본 정부는 재차 새로운 교사를 요청했고, 결국 콘도르는 교사직을 수락했다. 정확한 기록이 없으니 당시의 상황에 대해서는 여러모로 추측만 가능할 뿐이다.

콘도르가 졸업 후, 2년간 경력을 쌓았던 사무실의 윌리엄 버제스는 빅토리아 시대의 건축가로 특히 고딕 복고주의 건축 전통을 고수했다. 콘도르는 불과 2년 정도 짧은 기간 일을 했으니, 그동안 어떤 영향을 받았는지 또한 자세히 알 길은 없다. 제대로 남아있는 자료가 없으니, 콘도르의 건축적 성향에 대해서 정확히 아는 것도 힘들다. 하지만 1875년 버제스의 사무소를 그만두고, 버제스와 오랫동안 같이 작업했던 화가이자 디자이너였던 월터 롱스데일Horatio Walter Lonsdale, 1844~1919에게 스테인드글라스 제작을 배운 것으로 미루어 볼 때, 콘도르 역시 중세 건축, 특히 고딕건축에 관심을 가졌던 것으로 추정된다. 그는 일본에서 약 30개 이상의 건축물을 남겼다. 이 중 절반 정도만 오늘날 남아있거나, 재건되었다. 남아 있는 건축물들을 살펴보면 르네상스 및 고딕양식 등을 기반으로 하여 변화된 양식을 사용했다고 평가된다. 이를 통해 그가 일본에서 고전주의와 고딕 양식을 위주로 건축을 교육했다고 추정할 수 있다. 따라서 초기 일본의 근대건축은 고전주의와 중세의 건축양식이 주를 이루었다고 평가하는 것이 맞을 것이다.

새로운 무언가가 다른 지역이나 국가에 도입이 되면, 자연스럽게 현지화되기 마련이다. 이 양식들은 일본의 전통건축과 미묘하게 결합되어 소위 의양풍 건축擬洋風建築으로 변화된다. 의양풍 건축은, 막부 말기부터 메이지 시대 초기의 일본에서, 주로 근대 이후 기술을 익힌 목수들이 설계하고 시공한 건축을 의미한다. 기존의 목조 일본 건축에 서양 건축의 특징적 의장이나, 때로는 다른 나라의 건축적 요소가 혼합되어 만들어진 독특한 양식이다. 물론 이러한 양식의 발전은 일본에만 국한되어 나타난 것은 아니며, 당시 개항과 동시에 서양문물을 받아들였던 아시아 국가에서 종종 발견되는 양식이다. 일부에서는 의양풍 건축을 서양문물의 성공적인 현지화 과정으로 해석하며, 일부는 이도 저도 아닌 조악한 복사본과 일본 전통건축의 기괴한 조합이라는 서로 상반된 평가를 내리고 있다. 이러한 평가는 입장에 따라 달라질 수 있을 것이다.

하지만 필자는 일본의 의양풍 건축을 단지 서양의 건축을 받아들이는 과도기에 나타난 건축적 산물이 아니라, 정치적 산물로 해석하고 있다. 강대국의 힘을 직접적으로 경험한 일본이 할 수 있는 가장 합리적인 선택은 강대국이 되는 것이다. 물론 당시의 상황을 고려하면 이런 목표는 충분히 이해할 수 있으나, 그 방법은 잘 이해되지 않는다. 단지 같은 옷을 입고, 같은 음식을 먹고, 같은 집에서 산다고 해서 주체성이 하루아침에 바뀌지는 않기 때문이다. 하지만 당시 그들은 가장 손쉬운 방법을 택했고, 이를 가장 효율적으로 달성할 수 있는 방법을 찾았던 것으로 생각된다. 그중 하나가 바로 의양풍 건축이라는 현상으로 나타난 것이다. 그러니 일본의 근대화는 근대에 대한 잘못된 해석을 바탕으로, 정치적 목적을 달성하기 위한 과정에서 도출된 산물이라고 판단하는 것이 결코 필자만의 해석은 아닐 것이다. 건축 분야에서는 이런 양식에 대한 교육이 이루어졌고, 이 과정을 통해 생겨난 양식과 교육은 그대로 우리나라로 들어오게 된다.

／ 덕수궁 석조전 전경, 출처 : 국가유산포털

현재 우리가 잘 알고 있는 대표적인 근대건축물인 약현성당, 명동성당 등은 고딕 양식, 덕수궁 석조전은 신고전주의 양식으로 볼 수 있다. 한국방송통신대학교 역사기록관과 덕수궁 정관헌은 대표적 의양풍 건물이다. 하지만 이 건물들이 언급한 양식을 따라 지었다고 보기는 힘들다. 이들은 이미 변화된 원본의 양식에 다시 의양풍 건축이 결합되어 지어졌다는 것이 정확한 평가일 것이다.

중요한 점은 이 건물들이 시사하는 바로, 당시 우리나라 근대건축과 건축 교육 또한 이런 양식에 초점을 맞췄다는 사실이다. 물론 불가항력적으로 받아들인 양식과 제도이다. 다만 여기

／ 덕수궁 정관헌 야경, 출처 : 국가유산포털

서 한 가지는 확실하게 짚고 넘어갈 필요가 있다고 생각한다.

당시 우리나라에서 이러한 상황들이 과연 어떻게 수용되었을까?

강제적 문호 개방, 다양하고 이상하게 변화된 건축양식의 홍수가 가리키는 점은 명확하다. 바로 혼란이다. 표면적으로 근대화가 되어가는 것은 분명한데, 우리는 정작 근대에 대한 인식을 하지 못하고 있었다. 근대로의 전환이 전근대 시대에 대한 반성으로 나온 것이 아니기 때문이다. 결과로서의 근대화가 아닌 수단으로서의 근대화였다. 그것도 다른 주체에 의한 강제적 근대화였으니, 스스로 세운 목표가 아니다. 목표와 수단의 주체와 변화를 받아들이는 주체가 다르니, 인지 부조화가 생기는 것은 어떻게 보면 당연한 현상이다. 그러한 흐름 속에서 시작된 우리 근대건축은 다름 아닌 혼란 그 자체였다고 해도 과언은 아닐 것이다. 이 혼란이 바로 근대건축으로 각인되었으며, 근대 건축 교육의 시작이었으며, 한 세기가 지난 오늘날까지 이어지고 있다는 것은 과연 필자만의 생각일까? 겨우 80년대 들어서야 반성을 하자는 건축계의 움직임이 일어났다. 시작은 우리나라 건축의 정체성을 회복하고 건축을 제대로 탐구해 보겠다는 의도로 시작했으며, 이들이 90년대 건축의 인기를 견인했다고 해도 과언은 아니다. 하지만 그들이 제시한 결과는 과연 어떠했을까? 판단은 이 글을 읽으시는 분들의 몫으로 남기도록 하겠다. 물론 그 결과와 결과에 따른 책임을 단지 그들이 야기한 문제라고 치부하는 것은 너무 일차원적 생각일 수도 있다. 어쨌거나 지나간 과거의 일이니 현재를 살아가는 우리는 비판할 자유는 있다. 하지만 과연 책임에서도 자유로울 수 있는가는 한 번 스스로에게 질문해야 할 것이다.

필자가 생각하는 더 큰 문제는 이 혼란을 정리하거나 바꾸려는 의지가 눈에 보이지 않는다는 점이다. 가끔씩 주변에서 **"그래도 예전에 비하면 참 많이 좋아졌다"**, **"예전에 학교 다닐 때는 책도 한 권 제대로 없었다"**라는 이야기를 들을 때마다 필자는 이렇게 반문한다. **"그래서 뭐가 그렇게 좋아졌나요?"** 이 질문을 받는 분들의 반응은 크게 두 가지로 나누어진다. 정색을 하면서 뭐라도 예전보다 좋아지지 않았냐며 반박하거나, 혹은 다른 주제로 이야기를 돌리거나. 하지만 예전보다 물질적으로 풍요로워졌다고 해서, 건축이 발전하고, 건축 교육이 나아지는 것은 결코 아니다. 건축은 인간 행위의 산물이기 때문이다. 행위에는 주체가 있으며, 결국 행위를 바꾸는 것은 **주체의 몫**이다. 그러니 본인 스스로 만들어 낸 것이 아니기 때문에, 본인이 앞장서 굳이 바꿀 필요는 없다는 생각은 단지 변명에 지나지 않는다.

필자의 비판적 주장을 단지 **자기혐오**라고 해도 좋고, **자기반성**이라고 해도 좋다. 결국 자신을 혐오하든, 반성하든, 이는 지난 일에 대한 **고찰**에서 시작되고, 잘못된 것을 고치려고 하는 **의지**가 필요하니까. 당시의 시대 상황은 불가항력적이었으며, 이미 지나간 과거이니 지금 아무리 이야기를 한들 달라지는 것은 없다고 주장하는 분들이 있을지도 모르겠다. 현재의 우리가 만들어 낸 결과가 아니다, 예전에 누군가가 그렇게 이미 시작했는데 이제 와서 우리 보고 어쩌란 말인가? 이는 마치 **부모의 빚을 자식 보고 갚으라는 것과 무슨 차이가 있느냐?**며 불만을 토로할 수도 있을 것이다. 하지만 과거는 경험이며, 경험은 현재를 지나 미래와 연결된다. 반성과 배움을 통해 다시 경험이 쌓이고, 미래에 대한 방향이 결정된다. 그 와중에 대가를 치러야 할 경우도 분명 발생하기 마련이다. 그리고 이 대가는 치르지 않고 버틴다고 해서 소멸하는 것이 아니다.

과연 우리는 이 대가를 치르기 위한 준비가 되어 있는가?

일본의 의양풍 건축을
단지 서양의 건축을 받아들이는
과도기에 나타난 건축적 산물이 아니라,
정치적 산물로 해석하고 있다.
강대국의 힘을 직접적으로 경험한
일본이 할 수 있는 가장 합리적인 선택은
강대국이 되는 것이다.
건축 분야에서는
이런 양식에 대한 교육이 이루어졌고,
이 과정을 통해 생겨난 양식과 교육은
그대로 우리나라로 들어오게 된다.

강동진

역사환경 보전에 중심을 둔 도시설계를 배웠고, 현재 경성대학교 도시계획학과에 재직 중이다. 근대유산, 산업유산, 세계유산, 지역유산 등을 키워드로 하는 각종 보전방법론과 재생 방안을 연구하고 있다. 지난 20여 년 동안 영도다리, 산복도로, 캠프하야리아, 북항, 동천, 동해남부선폐선부지, 피란수도부산유산 등의 보전운동에 참여하였다. 현재 국가유산청 문화유산위원, 이코모스 한국위원회 부위원장 등으로 활동하고 있다.

부산, 발상의 대전환이 필요한 지금

2025년, 부산의 상황과 실태

인류는 '기후변화'와 '양극화'라는 생존을 위한 선택의 길에 서 있다. 대한민국은 물론, 부산도 그런 처지이다. 심각한 현실 가운데 온갖 궁리를 해보지만 쌈박한 해법이 떠오르지 않는다. 또 다른 부산의 고민은 '탈산업화 시대'와 연결된다. 일자리와 경제와 관련된 문제이니 부산에 있어 기후변화나 양극화보다 더 중요한 사안이라 할 수 있다. 부산의 입지와 지난 역사는 기후변화, 양극화, 탈산업화의 논지들과 정확히 연결된다.

지금 부산은 미래 생존의 위기에 맞닥뜨려 있다. 국토 최남단의 최초 개항장이자 최대 항구이기에, 20세기의 아팠던 국가의 고난을 고스란히 떠안았던 보루의 도시였기에, 150여 년간 국가의 국제교류와 물류산업의 영욕을 끌어안은 도시이기에, 30만 도시에 100만 명이 넘는 사람들이 아비규환의 삶을 지탱하며 제대로 된 도시계획과 총체적인 변화를 도모할 수 없었던 그런 도시였기에 부산의 현재 상황은 매우 난감하다. 해결 과제가 산더미다. 비록 역설적이지만 희망의 실마리도 있다. 많은 문제에 직면해 있기에, 올바른 지향점과 의지만 있다면 부산은 바람직한 21세기 도시들을 위한 실험에 도전할 수 있는 최적의 여건이란 점이다.

부산은 유달리 양면성이 두드러지는 도시다. 발길 닿는 곳마다 대조적인 모습을 만날 수 있다. 그러한 장면들이 연이어지기에 더 극적으로 느껴지기도 한다. 눈이 부시도록 아름다운 바다 vs. 마천루의 유리로 둘러싸인 빌딩들, 쇠퇴 중인 산업지대 vs. 생명체들의 활력이 넘치는 낙동강변, 국가 경제를 책임지는 국제물류부두 vs. 오래된 한적한 포구, 삭아가는 집들 vs. 빛나는 주상복합아파트들, 세계 최대의 백화점 vs. 죽어가는 시장들.

/ 사상공단과 낙동강 ⓒ싸이트플래닝

/ 부산항과 산복도로 ⓒ싸이트플래닝

부산 장면들의 배경에는 많은 이야기가 숨어있다. 우연히 형성된 곳도 있고, 어쩔 수 없이 만들어진 것도 있다. 잘하려 했지만 능력 부족으로 탄생된 곳도 있고, 인간의 욕심으로 잉태된 곳도 있다. 또 나라를 위해 희생하다 만들어진 곳도 있다.

여기서 고민이 있다. 모든 장면의 탄생에는 분명한 이유가 있기에 부산은 모든 장면을 함부로 버릴 수 없다는 것이다. 그래서 부산이 힘들다. 어떤 때는 애처롭기까지 하다. 미래를 위한 부산의 선택은 무엇이 되어야 할까? 선택의 폭이 무척 좁다. 지난 과거를 냉철히 진단하여 그 속에서 의미를 찾고, 반복의 실수를 줄이거나 하지 않는 선택이 가장 현명해 보인다.

21세기는 탈산업화와 4차 산업혁명이 교차하는 전환의 시대다. 이런 의미에서 부산은 탈산업화 시대의 깃발을 꽂고, 우리 국토와 국민의 삶에 밀어닥칠 21세기 중후반의 난제들을 해소하고 극복하기 위한 화두들을 품을 수 있는 도시라 할 수 있다.

그럼에도 지금의 상황과 현재 모습을 그냥 그대로 끌고 간다면, 과하게 표현하면 공멸할 수밖에 없을 것이다. 그렇다면 부산은 일제 침략과 전쟁을 버텨내고, 국가 재건에 이바지했던 지난 시간보다 훨씬 더 강하고, 아니, 상상할 수 없을 정도의 대대적인 전환을 준비해야 한다. 이유는 단 한 가지다. 부산과 부산 시민이 함께 생존하기 위함이다. 목숨 부지의 수준을 넘어, '행복할 수 있는 생존'을 택해야 한다. 그것도 '모든 시민이 함께 행복할 수 있는 생존'을 택해야 한다.

부산이 걷고 있는 길, 과연 옳은가?

최근 회자 중인 도시계획의 유형들은 과거 도시계획이 놓치거나 다루지 못했던 주제와 미래 발생 가능한 문제를 대비하는 내용이 주를 이룬다. 도시 약자들을 품어야 한다는 '포용의 도시계획', 물질문명의 틈새를 파고드는 '인본적 도시계획' 그리고 기후변화 시대를 대비하는 '회복력이 강한 도시계획' 등이다. 포용, 인본, 회복력 등의 주제들은 관습적인 도시계획 영역에서는 수용하기 쉽지 않은 것들이다. 극도의 다변화와 축소시대를 걷고 있는 시대 정황상, 도시계획이 시급히 요청되는 경향들을 빠르게 수용하지 못한다면 결국 도시에서의 삶은 급속도로 팍팍해지고 위험해질 수밖에 없을 것이다.

더군다나 도시는 도시계획만으로 움직이지 않는다. 행정, 경제, 교육 등 비물적 영역과 건축, 토목 등 물적 환경을 다루는 분야들, 그리고 문화예술과 여가 등 다양한 부문이 융합의 에너지를 발산하며 함께 움직인다. 그래서 도시를 다룬다는 것은 실로 어려운 일이다. 평이한 여건의 도시도 이럴진대, 부산은 더욱 복잡하고 까다로운 처지에 놓여 있다.

언젠가부터 부산은 인구 소멸 도시라 불린다. 청년들을 붙잡아야 한다는 외침이 점차 커지고 있다. 이들이 떠나지 않도록, 살아갈 수 있도록, 유-턴하여 돌아오도록 하는 일에 전력을 다하는 것이 최선의 길이다. 그런데 난제가 있다. 인구 소멸과 함께 경제침체가 동반되는 것이다. 인구만 줄어든다면 나눌 떡이 커지기에 또 다른 기회가 될 수 있겠지만, 인구와 떡이 함께 줄어드니 고민이 클 수밖에 없다. 그 일환으로 2025년 초 그린벨트GB 세 곳을 해지하여 전략사업을 유치한다는 계획이 발표되었다. 앞서 추진되던 여러 초대형 개발사업에 더하여 부산 지역의 경기 부양이 주된 목적이다. 걱정이 앞선다. 현시대는 디지털 시대라 하고 AI가 판을 치는 세상인데, 비워낸 넓은 땅을 채우는 개발 방식은 여전히 아날로그식이기 때문이다. 물론 땅이 준비되어야 기업 유치가 가능하다지만, 급변하는 시대 흐름과의 간극은 꽤 커 보인다. 질문과 의문이 뒤따른다. 그린벨트를 푸는 것이 기후변화 시대에 적합한 개발 방향인가? 개발 후유증으로 짊어져야 할 짐이 무겁진 않겠는가?

또 하나 더 생각해 볼 것이 있다. 현재 부산은 북항재개발2단계, 가덕도신공항·배후도시, 제2센텀시티, 대저신도시, 황령산 복합관광단지, 해운대 첨단사이언스파크, 제2 에코델타시티, 트라이포트 물류지구, 부산역-부산진역 간 철도 지하화사업, 55보급창 개발사업 등이 거의 동시다발적으로 추진되어야 한다. 이렇게 많은 초대형 개발사업들을 어떻게, 또 어떤 경쟁력을 갖게 할 것인가? 이 모든 것을 동시에 치러낼 수 있는 능력이 우리에게 얼마나 있는가? 재원은 충분한가? 이론이 아닌 진짜 기술을 가지고 있는가? 관리능력을 갖추고 있는가? 수요 창출의 방안은 무엇인가? 글로벌 투자의 관심 대상인가?

결국, 누구를 위한 개발인가? 라는 질문에 이르게 된다. 개발 혜택이 미지의 부산인들인 다음 세대에 돌아가야 하는 것은 당연지사다. 그런데 그 이익이 투자 차익에 관심을 둔 이들에게 돌아가거나 또 부산에서 빠져나가 지역자본으로 전환되지 못한다면, 정말 황망할 것이다. 유사한 수준과 성격을 가진 개발사업들의 나열로는 절대 경쟁력을 가질 수 없다. 한꺼번에 결정지어 해치우는 개발사업의 속성을 고려해 볼 때, 단기 경제 회복의 방편은 될 것이다. 더 큰 발자국을 내딛기 위한 보다 넓고 깊고 또 긴 대책이 필요해 보인다.

부산의 건축 얘기로 옮겨본다. 건축은 도시계획과 떼려 해도 뗄 수 없는 관계다. 시대가 원하는 도시계획의 실천에는 반드시 시민이 사랑하는 건축이 따라온다. 반대로 바탕을 이루는 도시계획이 지역 밀착적이지 못하면 건축도 어울리지 못할 수밖에 없다.

원도심을 본다.

19세기 후반부터 20세기에 이르는 근대역사를 품고 있는 전국의 사례 중 서울의 정동과 북촌 일대, 부산의 원도심은 첫 사례로 꼽힌다. 조선 시대 이전의 역사만이 역사가 아니다. 가장 가까운 시간대를 살아냈던 기억과 흔적들, 영화로웠던 그 어떤 역사보다 지켜가야 할 역사라고 생각한다. 그 원도심이 몸살을 앓고 있다. 누구의 잘못을 가리기가 힘이 들 정도다. 원칙도, 다짐도, 배려도 없다. 그냥 시간만 흘러간다.

원도심의 건축에 대해 진지하게 고민을 해야 하겠다. 지킬 곳과 개발할 곳, 재개발할 곳과 리모델링할 곳, 빠르게 변할 곳과 느린 변화를 줄 곳들을 구분하고, 또 그곳에 남아 있는 근대 주거와 생활주거의 역사를 전심으로 끌어 보듬어 안았으면 좋겠다.

／ 끌어 안아야 할 원도심의 풍경 ⓒ싸이트플래닝

연안지대를 본다.

부산의 해안선이 305km라는 사실에 크게 놀랐던 적이 있었다. 처음에는 오기라고 생각했다. 한 도시가 이렇게 긴 해안선을 가진 예는 세계적으로 드문 일이다. 이는 요철凹凸형으로 반복되는 리아스식 해안이 준 특별함이다. 그 해안선에 달린 포구들과 천연해수욕장들, 바다 언덕들은 부산이 가진 최고의 것이다.

필자는 '서울에는 바다가 없다'라는 명제를 즐겨 사용한다. 부산이 서울을 능가하는 몇 가지 중 단연 최고의 것이 '바다의 존재'다. 바다는 지금의 우리만이 아닌 이 땅에서 살아가야 할 후손들도 누려야 한다. 우리보다 더한 능력과 지혜를 가질 후손들이기에 바다를 더 다양하게 누릴 것이다. 그렇다면 바다가 바다답도록 지켜주어야 한다. 비단 건축만의 문제는 아닐지언정, 최소한 바다를 위압하거나 바다가 마치 내 것인 양 독불장군처럼, 거대한 집단으로 짓는 행위는 지양되어야 한다. 세련된, 멋진, 강한 것만이 현대인의 모든 삶을 대변하지 못하듯, 철골에 유리로 뒤덮은 수직 건축물 역시 바다도시 부산을 상징할 순 없다.

／ 해안선을 지키는 일은 모두의 배려가 필요하다. ⓒ싸이트플래닝

도심을 본다.

서면은 부산 최고의 중심지다. 전국 제2도시의 중심상업지역이라면 강력한 업무기능과 다양하고도 화려한 상업·문화기능들이 복합적으로 작동하여 다양한 목적을 가진 시민들로 넘쳐나야 한다. 이러한 측면에서 문현금융단지는 서면의 앵커 기능을 담당해야 한다. 하늘에서 보이는 문현금융단지가 큰 섬처럼 인지된다. 왜 정체된 섬처럼 보일까? 이 정도 위상이라면 주변과 다양하게 연결되고 경계부는 상호 융합된 역동성이 꿈틀대야 하는데.

부산은 다핵도시라 한다. 시 전역이 고르게 발달했다는 의미도 있지만, 주인공이 없다는 뜻도 된다. 서면은 부산항과 지척이니, 항구와 도심을 잇는 부산의 주인공이 될 자격을 충분히 가지고 있다. 도심에 어울리는 건축이 무엇일까? 높은 빌딩들만이 그것일까? 랜드마크라고 부르는 마천루만이 그런 건축일까? 절대 아닐 것이다. 끊임없이 사람들이 지하와 지상, 땅과 강, 경계부와 주변을 맘껏 걸어다닐 수 있는, 그리고 대기업과 중소기업, 작은 가게들과 골목이 함께 살아 약동할 수 있도록 하는 그런 건축이 진정 필요하지 않을까 싶다. 도심의 건축을, 아니 서면의 건축을 논해야 한다. 개념이라도 설정해야 하지 않겠는가.

↗ 섬처럼 갇힌 문현금융단지 ⓒ싸이트플래닝

새로운 실험, 대전환이 필요한 부산

'도시건축urban architecture'이란 말이 있다. 단순히 도시에 있는 건축물을 말하는 것이 아니라 도시에 적합한 건축물을 뜻한다. 도시에서 발생하는 여러 문제와 후유증을 품어 해결하고, 시민들이 즐거워하고 모여들어 활력 있는 도시의 근원이 되며, 건축 행위가 자연 파괴가 아닌 공생의 가능성을 보여주는 그런 건축을 말한다.

부산의 도시건축은 어떤 것일까. 관점에 따라 다를 수 있지만, 필자는 세 가지로 정의하고 싶다. 첫째는 부산의 수변과 지형지세에 어울리고 지역 분위기에 조화되는 '지역 밀착적인' 건축이다. 둘째는 부산 사람들이 좋아하는, 그 건축물로 인해 시민이 행복해하는 '사람 지향적인' 건축이다. 셋째는 일조와 바람, 습도 등 미기후를 고려하여, 건물로 인해 발생하는 악영향을 줄이려 노력하는 '기후 적응적인' 건축이다. 요약해보면 부산이 추구해야 할 도시건축은 지역에 대한 부담은 적고 Low impact 자연환경과의 접촉은 빈번한 High contact 그런 건축이 아닐까 싶다.

조금 더 구체적으로 살펴본다.

부산이 '지역 밀착적인 건축'을 갖기 위해서는 지형에 순응하는 건축, 즉 고밀일지라도 저층으로 지어 원지형의 형상 파괴를

최소화하는 방법 찾기에 먼저 몰두해야 한다. 부산의 모든 구릉지와 산복도로가 초고층 아파트로 채워져 가는 지금의 실상에 아무런 변화를 주지 못하는 무기력 증세에 따른 후유증은 조만간 손쓸 수도 없는 눈 덩어리로 다가올 것이다.

'사람 지향적인 건축'의 추구는 시민의 라이프 스타일을 배려함과 동시에 생활역사와 자연환경, 특히 근대역사와 바다와 연결된 감성을 가진 건축에 대한 고민에서 시작해야 한다. 문화유산을 왜소화시키거나 바다 풍경을 독식하며 바다를 가로막는 병풍 같은 건축은 이제 지양되어야 한다.

'기후 적응적인 건축'은 바람을 예로 들 수 있다. 부산에서의 바람은 태풍이란 이름으로 가끔 무서울 때도 있지만, 산들산들 불어드는 미풍과 훈풍으로 대변된다. 그래서 부산은 여느 도시보다 바람의 혜택이 큰 도시이고, 시원하고 쾌적한 날씨는 부산의 최고 매력으로 꼽힌다. 그런데 우리는 자리를 가리지 않고 높은 아파트들을 마구 짓고 있다. 바람이 지나는 자리를 그런 건물들이 차지해 버린다. 배려 없이 지어진 건물들은 바다에서 구릉을 넘어 들어오는 바람, 산에서 내려와 고개를 넘어오는 바람, 강에서 계곡을 따라 불어 들어오는 바람들을 겨울에는 추운 골바람과 건물풍으로, 여름에는 도시에 갇힌 뜨거운 오염된 바람으로 바꾸어 버리고 있다. 볼썽사나운 구릉 위 건물들은 바다에서 도시로 넘어가는 구름마저 정체시켜 쾌청했던 지역을 제습기가 필수품이 되어야 하는 습하고 눅눅한 곳으로 만들어 버리고 있다. 이 같은 방식의 건설은 부산의 강점을 죽이는 행위이고, 다음 세대들에게는 부산을 평범한 도시 아니 환경문제로 가득한 평범 이하의 도시로 몰아가는 행위이다.

멈추면 좋겠다. 멈추는 것이 불가능하다면, 대응의 여지를 보여주는 실험이라도 하면 좋겠다. 그 실험은 부산의 바다와 지형 지세를 존중하고, 부산 사람들의 마음을 배려하여 이웃과 함께 살아가고, 태양과 바람을 맘껏 활용하여 시원하고 따뜻한, 결과적으로 부산의 풍경과 어울리고 부산의 자연을 지켜주는 건축의 추구를 말한다. 시작은 관이 해야 한다. 어떤 희생이 따르더라도 시작하면 좋겠다.

2019년에 발표된 '부산건축선언'을 기억한다. '도시 특성을 반영한 건축물은 관광자원일 뿐만 아니라 도시 경쟁력과 브랜드 가치를 높이는 중요한 요소'이며 '도시, 자연과 역사문화가 공존하는 건축을 통해 지속 가능한 100년 미래도시 부산의 창조' 그리고 '과거, 건축은 무분별한 대규모 개발사업과 난개발 수단으로 전락하면서 부산의 자연환경과 역사적 자산을 훼손하는 데 이용되었기에, 앞으로는 개인 이익이 곧 모두의 자산이 되는 공유 건축을 이뤄야 한다'라는 다짐이 담겨 있다. 너무나 옳다.

이렇게 웅장한 선언을 문서로만 남겨둘 것인가. 제대로 실험하고 실천해야 하지 않겠는가. 매일같이 급변하고 있는 부산의 모습을 보면 우리에게 주어진 시간이 그리 많아 보이진 않는다. 부산의 도시 실험을 가로막는 관행, 제도, 돈 등 모든 핑곗거리를 걷어내야 한다. 다음 세대가 살아갈 부산의 미래를 위해, 부산의 도시건축을 끊임없이 실험하여 지역 밀착적인, 사람 지향적인, 기후 적응적인 새로운 모델을 만들어 내고 또 그 모델을 확산시켜 나가야 한다.

마치며

필자는 '도시정신이 담긴 도시건축'에 대해 고민을 하곤 한다. 현업에서 뛰는 사람이 아니기에 현장감이 떨어지고, 실전의 어려움을 정확히 모르기에 늘 조심스럽다. 그럼에도 부산을 사랑하기에 부산에 적합하고 어울리는 도시건축을 위한 주장을 멈출 순 없다.

그 배경에는 '공부하자'라는 조건이 있다. 부산을 위한 공부는 사람을 가리지 않는다. 물론 필자를 포함한다. 공부의 첫 걸음은 '우리 처지와 지역에 대한 철저한 학습'이다. 우리 땅에는 어떤 가치가 있고 어떤 도시건축과 만날 때 스파크가 될 수 있는지 공부해야 한다. 바다와 어울리는 매력적인 도시건축, 구릉을 지키며 지형과 합일되는 자연스러운 도시건축, 따뜻한 바람과 연동하는 지혜로운 도시건축, 근대역사의 풍미가 가득 드러나는 도시건축, 그리고 경제적 사회적 약자들이 힘내서 살아갈 수 있는 행복한 도시건축의 실현을 위한 일에 집중해야 한다.

또 하나의 공부는 '개발에 따른 후유증이나 부작용의 최소화에 대한 연구'이다. 부산은 난개발의 도시라는 오명에서 벗어나야 한다. 단지 경관 문제만을 얘기하려는 것은 아니다. 부산은 입지적으로 지진, 태풍, 해일, 해수면 상승 등 여러 유형의 도시 재난에 노출되어 있다. 또 기후변화에도 매우 민감한 도시다. 공부해야 할 것이 정말 많은 도시다.

마지막 공부는 '미래지향적인 선진 도시들이 지향했던 도시건축으로부터 다양한 경험을 배우는 것'이다. 급변하는 4차 산업혁명 시대와 '늘 하듯이'의 접근 방식은 절대 상극이다. 지금 부산이 취할 개발과 건설방식은 기존과는 전혀 다른 선진적이며 창의적인 새로운 실험들이라고 평가받을 수 있는 도전이어야 한다. 앞선 도시들이 지난 수십 년간 어떤 길을 걸어왔는지, 어떤 도시건축을 소중히 생각하고 긴 시간 투자했는지, 바다와 강을 어떻게 지키고 활용하고 있는지, 누구를 위해 정성으로 진력했고 누구와 함께하고 있는지, 미래세대를 위한 글로컬글로벌

+로컬 전략은 무엇인지, 그리고 이 도시들이 그려가는 미래의 도시건축은 진정 무엇인지 등을 찾고 묻고 체험해야 한다.

감히 얘기해 본다. '부산 정신이 담긴 지역 밀착적인, 사람 지향적인, 기후 적응적인 도시건축'을 위해 진정으로 함께 공부하자고. 그 시간이 길면 길수록 그 과정이 신중하면 신중할수록 옳을 것이다.

고봉준

2000년 《서울신문》 신춘문예로 등단했다. 평론집으로 『유령들』『비인칭적인 것』『문학 이후의 문학』 등을 냈다. 현재 경희대학교 후마니타스 칼리지 부교수로 재직 중이다.

한국문학의 생태적 전환을 위하여

행성의 출현

"견고한 모든 것이 대기 속으로 녹아내린다." 마르크스의 『공산당 선언』1848에 등장하는 이 문장은 급격한 사회 변화를 강조할 때 자주 인용된다. 사회학자 지그문트 바우만은 이 표현을 전유하여 불확실성이 지배하는 현대사회의 특징을 가리키는 액체 현대Liquid Modernity라는 개념을 창안하기도 했다. 견고한 것들이 모조리 녹아내린다는 액체성의 비전, 마르크스는 그것에서 근대 자본주의의 특징을 발견했고, 바우만은 신자유주의, 소비사회의 출현을 읽었다. 이들 두 사람은 모두 자신이 살고 있는 시대를 급격한 변화의 시대로 인식했다. 마르크스가 목격한

19세기의 변화가 중세의 몰락과 근대의 출현이었다면, 바우만이 목격한 20세기의 변화는 신자유주의로 요약되는 자본주의의 성격 변화였다고 말할 수 있다. 특히 후자의 변화는 세계화 Globalization라는 새로운 시공간의 등장으로 구체화되었다. 자본과 노동력이 근대 국가Nation의 경계를 자유롭게 넘나들면서 지구 전체를 하나의 시장으로 통합하기에 이른 것이다. 신자유주의적 세계화는 자본과 노동력의 자유로운 이동을 통해 초국적 자본의 이윤을 극대화하는 한편 지구를 북쪽 선진국Global South과 남쪽 저개발국Global North으로 양분하는 결과를 낳았다. 이 양분화된 세계는 몇몇 선진국들의 '제국적 생활양식'을 위해 저개발 지역인 글로벌 사우스의 원자재와 농산물 등이 약탈적인 방식으로 거래되는 것, 그 과정에서 글로벌 사우스에 포함된 국가가 원자재 개발과 기업형 농업, 패스트 패션 등에서 발생하는 온갖 환경파괴의 피해를 떠안는 방식을 고착화시켰다. 미국인들을 위해 재배되는 칠레의 아보카도, 기업형 방식의 팜유palm oil 생산을 위해 마구 파헤쳐지는 인도네시아와 말레이시아의 열대림, 패스트 패션 생산을 위해 착취당하는 방글라데시 노동자, 전기자동차용 리튬을 얻기 위해 파헤쳐지는 칠레의 안데스산맥······.

오늘날 이러한 신자유주의적 지구화는 지구 전체에 심각한 영향을 미치고 있는 기후 위기로 인해 더 이상 지속될 수 없는 상태에 이르렀다. 지난 2000년 화학자 폴 크루첸과 생태학자 유진 스토머가 제안한 지질학적 용어인 인류세Anthropocene는 2차 세계 대전 이후 자본주의의 발전이 초래한 대가속Great Acceleration이 지구에 끼친 영향을 지적한 것이라고 말할 수 있다. 인간 종이 지질학적인 힘이 된 새로운 지질 시대를 가리키는 인류세는 인류, 즉 인간 종이 생존의 근거를 잃어가고 있다는 경고이기도 하다. 물론 도나 해러웨이의 지적처럼 인류세는 인간 종의 영향을 표현하기 위해 고안된 용어이지만 의도와 달리 인간만이 주연 배우로 등장하는 드라마로 귀결된다는 점에서 부적절한 용어이기도 하다. 인류세라는 개념이 현재 인류가 당면하고 있는 문제의 원인을 지적한 학문적 개념에 가깝다면 그것과 함께 우리 시대를 견인하고 있는 '행성the planet'이라는 새로운 개념은 우리가 직면하고 있는 지구적 난제를 해결하기 위해 인간의 인식과 사회구조가 어떻게 바뀌어야 하는가를 가리킨다는 점에서 실천적인 방향성이라고 말할 수 있다. 인류는 현재 '인류세'와 '행성'이라는 개념으로 대표되는 대전환Transformation의 시대를 살고 있으며, 그 근본적인 방향은 행성적 차원에서의 생태적 탈구축, 즉 생태적 제한 내에서 작동하는 사회를 만드는 것이다. 과거의 몇몇 전환들이 인간의 역사와 문명 내부에서의 변화, 즉 단계 변화에 가까웠다면, 지금 우리가 경험하고 있는 대전환은 45억 년이라는 지질학적 시간을 배경으로 제기된 것이라는 점에서 이전의 전환들과 분명하게 다르다. 21세기의 지식과 담론 영역은 이 대전환으로 인해 사실상 전면적인 탈구축Deconstruction 상태에 놓여 있다.

인간 이후

1990년대에 국내에 소개된 자크 데리다의 사상은 해체 철학으로 불렸다. 중심의 해체, 로고스중심주의Logocentrism 비판 같은 낯선 개념을 통해 데리다는 서구 사상이 항상 중심Center이나 기원Origin을 상정하고 이를 바탕으로 의미를 구성해 왔다고 폭로했다. 그는 이러한 중심이 구성된 것에 지나지 않으며, 불안정하여 해체될 수 있음을 보여주는 것을 자신의 철학적 방향으로 삼았다. 같은 시기 미셸 푸코는 "해변의 모래 위에 그려진 얼굴처럼 인간도 언젠가 지워져 없어질 것이다"라는 간명한 문장으로 인문학이 전제하고 있는 '인간'의 해체를 예언했다. 그는 우리가 가치의 근거라고 생각하는 '인간'이 최근에 발명된 "수명이 거의 다한 허구물"이라고 주장했다. '이성'과 '인간'에 대한 데리다와 푸코의 비판적 주장은 그 의미가 제대로 이해되지 못해 많은 논란을 낳았지만, 지금 그들의 지적은 인문학의 굳건한 전제로 자리 잡고 있다. 최근 인류세와 행성에 관한 논의는 이성, 인간, 문화사회 등 서구의 근대 학문이 중요한 것으로 평가한 모든 가치에서 벗어나는 방향을 향해 나아가고 있다. 우리는 현재 20세기까지 인류가 창조한 대부분의 지식 체계와 단절한 상태에서 앎과 삶의 새로운 패러다임을 구축해야 하는 상황에 놓여 있다. 인류세와 포스트휴머니즘 담론의 등장은 푸코가 예언한 인간의 죽음을 기정사실로 만들었으며, 인간중심주의, 이성중심주의, 서구중심주의 같은 개념들은 상식적인 것이 되었다.

오늘날 자연과 문화사회의 구분, 사물과 동물에 대한 인간의 존재론적 우위 등은 말할 것도 없고 근대의 분과 학문을 떠받치고 있던 기본적인 분할도 빠르게 해체되고 있다. 어떤 이들은 이 변화를 통섭이나 융합이라고 부른다. 가령 인류세와 행성 담론은 자연과 문화, 혹은 인문사회학과 자연과학의 구분을 해체한다. 근대적 학문 체계의 세 축, 즉 인문과학, 사회과학, 자연과학 간의 구분은 갈수록 희미해지고 있다. 이는 현재 우리가 경험하고 있는 위기들, 가령 코로나 팬데믹, 기후 위기 등이 '문과인문·사회과학'나 '이과자연과학' 가운데 어느 한쪽의 문제가 아니기 때문이다. 이는 대기화학자와 생태학자가 제안한 지질학적 개념인 인류세라는 용어를 인문사회학 분야에서 폭넓게 수용되고 있는 현실에서 쉽게 확인된다. 인류세는 지질학적 용어이지만 그것은 인문·사회과학자들에게 더욱 강력한 호소력을 지닌다. 그리하여 철학적 신유물론은 과학의 영역으로 인식되는 기후나 사물 등을 정치학의 연구 대상으로 만들었고, 다종 간의 함께-되기를 통해 인간 중심적인 사유를 해체하고 세계에 대한 생태적 비전을 제시하는 해러웨이나 애나 칭의 생태 정치는 인문학과 자연과학을 횡단한다. 이러한 학문적 변화는 근대적인 단기주의나 인간이 중심인 역사History 대신 깊은 시간Deep Time이라는 새로운 시간론으로 연결된다. 요컨대 1만 년 남짓한 시간 위에서 펼쳐지는 드라마의 주인공이라면 45억 년이라는 지질학적 시간 위에서 펼쳐지는 드라마의 주인공은 결코 인간일 수 없다. 왜냐하면 이 지질학적 시간에서 인간은 가장 뒤늦게 등장한 생명체에 불과하기 때문이다.

영국의 생태학자 사이먼 루이스와 지구과학자 마크 마슬린은 『사피엔스가 장악한 행성』에서 지구의 역사를 24시간으로 압축하면 최초의 인류는 자정 4초 전에야 모습을 드러냈다고 지적했다. 미국의 저널리스트 로이 스트랜턴도 지구상에서 인류의 삶을 하루라고 치면 인류의 역사로 기록된 5천 년은 자정 직전의 30분 정도에 해당한다고 말했다. 이러한 주장의 공통점은 인간을 중심으로 지구를 사고하지 않는다는 것, 즉 지구가 인간만을 위해 존재하는 행성이 아니라는 것이다. 인간의 위상을 낮추는 이러한 인식에 불만을 가진 사람들도 많을 것이다. 하지만 근대 이후 우리가 구축한 인간에 대한 이해가 '인간'의 위상과 능력을 지나치게 과장·왜곡한 것이라면 바로잡는 것이 마땅하며, 특히 그러한 인간 이해가 오늘날과 같은 기후 재난을 초래한 주요 원인이라면 지금이라도 바로잡는 것이 바람직할 것이다.

그렇다면 인간을 중심에 놓지 않고 지구를 사유하면 어떤 다른 결과에 도달할 수 있는 것일까? 그것은 인간이 지구에 거주하는 수많은 생명체 가운데 하나의 종이라는 생각, 철학적으로는 인간과 인간 아닌 것으로 나누는 구분 방식이 정당하지 않으며 그것들은 지구라는 공통의 터전 위에서 갈등하고 협력하며 살아가는, 존재론적으로 동등한 존재들이라는 인식에 도달할 수 있다. 우리는 이러한 변화를 인간중심주의적 사고에서 생태적 사고로의 전환이라고 명명할 수 있다. 사람들은 흔히 생태적 사고를 환경보호와 동일시하거나 생명을 극단적으로 존중함으로써 인간이 존재하지 않는 자연 상태와 유사한 것으로 이해한다. 하지만 생태적 사고는 환경주의가 아니다. 생태적 사고는 인간과 인간 아닌 것을 주체-객체 이원론이 아니라 공존-공생하는 네트워크로 인식하는 사고방식이다. 만물이 서로 연결되어 있다는 이러한 인식은 생물권Biosphere이라는 개념에서 가장 분명하게 드러난다. 생물권이란 모든 생명이 주변의 존재들과 이웃 관계를 맺고 살아간다는 의미이다. 가령 서구의 근대적 사고는 인간을 개인, 즉 독립적인 존재로 인식한다. 그리고 이러한 인식으로 동물이나 식물을 바라본다. 하지만 우리가, 생명체가 이런 독립적 존재로 살아가는 경우는 없다. 생물권의 관점에서 그것은 불가능한 일이다. 왜냐하면 인간은 공기를 호흡하고 영양분을 섭취하지 않는 한 생존하는 것이 불가능하기 때문이다. 요컨대 인간은 아무런 행동도 하지 않을 때조차 이미-항상 햇빛이나 공기 등과 연결되어 있다.

생물권의 관점에서 보면 존재한다는 것은 곧 수많은 것들과 연결되어 있다는 의미이다. 근대사상가들도 이런 사실을 모르지 않았을 것이다. 다만 그들은 인간을 중심으로 그것을 바라보았으므로 인간과 그 바깥을 주체-객체의 이원론적 관계로 인식했고, 그런 맥락에서 인간과 연결되어 있는 공기, 햇빛, 바람 따위는 생명이 없는 객체, 인간의 편리한 삶을 위해 쓰여야 할 대상과 도구, 따라서 존재론적인 가치를 결여한 것으로 인식되었을 것이다. 20세기를 대표하는 철학자 하이데거는 "돌은 세계가 없다, 동물은 세계가 부족하다, 인간은 세계를 형성한다"라고 주장했다. 티모시 모턴에 따르면 이 문장은 "오직 인간만이 완결되고 풍요로운 '세계'가 있고, 꿈틀거리는 생명체(동물)는 세계가 빈곤하며, 돌과 같은 사물은 아무 세계가 없다"[1]는 의미이다. 이탈리아의 정치철학자 G. 아감벤도 『열림 The Open』에서 하이데거의 이 진술이 동물(세계의 가난함)과 인간(세계를 형성)의 차이를 통해 현존재의 구조(세계-안에-있음)를 설명하는 인류학적 기계

---

[1] 티머시 모턴, 김태한 옮김, 『생태적 삶』, 앨피, 2023, 109쪽.

Anthropological Machine라고 지적했다. 이들은 동물 또는 사물에 관한 하이데거의 인식을 20세기적 사고의 극점으로 이해했다.

행성 시대의 문학과 생태적 전환

지구온난화와 기후 위기에서 촉발된 인류세와 행성 담론이 근대적 지식 체계에 끼친 영향은 문학에서도 확인된다. 최근 한국문학에서 SF 소설의 약진이 그것이다. 한국 근대문학은 식민지 시기부터 최근까지 사상적·예술적 가치를 중시하는 이른바 순문학적 성격을 강하게 띠었다. 이러한 특징은 소위 문단이라는 제도와 결합하여 순수문학이라는 현상을 낳았고, 그것은 SF 소설 등을 대중문학으로 분류함으로써 순수 대 대중이라는 대립 구도를 구축했다. 1990년대 이후 순수문학의 중심성은 점차 옅어졌으나 그 구도 자체가 위협받지는 않았다. 하지만 최근에는 상황이 완전히 달라졌다. 최근 대중에게 강한 영향력을 행사하고 있는 소설 대부분은 SF 소설이다. 이것은 독자의 세대가 변화하여 발생한 현상일 수도 있다. 하지만 최근의 SF 소설 대부분이 인류세와 행성 담론이 제기하는 문제들, 가령 인간중심주의 비판, 인간과 비非인간의 수평적 관계와 연대, 대안적인 재난 서사 등을 포함하고 있다는 사실에 주목할 필요가 있다.

전통적인 의미의 소설, 즉 근대문학으로서의 소설이 리얼리티 등의 고유한 성격으로 인해 최근 인류가 대면하고 있는 행성적 문제에 접근하기 어려운 반면 근대문학적 전통에서 자유로운 SF 소설은 최근의 현실과 이념적 방향성을 자유롭게 작품에 투영할 수 있는 것이다. 가령 근대문학의 한 극점인 역사소설이 길어야 수십, 수백 년의 시간을 배경으로 하는 반면, SF 소설은 45억 년이라는 지질학적 시간은 물론이고 그 이상의 시간 범위를 자유롭게 배경으로 삼을 수 있다. 뿐만 아니라 근대문학으로서의 소설은 특유의 핍진성으로 인해 현실에서 크게 벗어나지 못하지만, SF 소설은 현실과의 연관성이 매우 느슨하여 대안적인 세계를 자유롭게 형상화할 수 있다. 이러한 SF 소설의 장르적 특징이 독자의 세대 변화와 맞물리는 한편 인간 중심의 서사에서 벗어나 소설에 대안적인 성격을 부여하고 있다. 이는 최근의 SF 소설이 젠더, 생태와 환경, 인간과 기계또는 동물의 관계, 재난 등을 주요 소재로 삼고 있는 것에서도 확인된다. 이런 점에서 SF 소설은 인간중심주의에서 자유로운 장르, 나아가 우리를 비인간-되기로 견인하는 유력한 문학적 장치라고 말할 수 있다.

기존의 소설 형식이 행성적 문제에 대해 대응할 수 없다고 단정할 이유는 없다. 하지만 '개인'을 주인공으로 하는 근대문학으로서의 소설이 인류 전체의 삶이 문제인 이 시대의 문제 앞에서 어떤 대안을 제시할 것인지는 이후 한국문학의 방향성을 탐구하는 데 결정적으로 중요한 듯하다. 이러한 곤혹스러움은 시에서도 동일하게 목격된다. 시의 시간은 기억의 시간이고, 그것은 집단이 아니라 개인의 기억-시간이다. 하지만 지질학적 시간이 전면에 등장한 이 시대의 현실을 개인의 기억-시간에 근거한 시가 어떻게 받아들일지는 아직 미지수이다. 개인적 시간과 지질학적 시간의 충돌, 이 충돌이야말로 우리 시대의 문학이 경험하고 있는 생태학적 전환의 핵심적인 문제이다. 우리 시대의 한국문학은 생태적 제한 내에서 작동하는 사회가 요구되는 이 시대에 어떻게 응답할까?

조봉권

1970년 8월 15일 경남 진해에서 태어났는데, 일곱 살 때 부산 와서 줄곧 부산 원도심에서 살고 있다. 부산대에서 사회복지학을 전공하는 행운을 누렸다. 남을 도우려 애쓰고 우리 사회를 생각하면서 자기를 돌아보는 학문이 사회복지학이었다. 그러나 성적은 나빴다. 부산대 영어신문사 편집국장과 간사를 지냈다. 1995년 국제신문에 입사해 2024년 현재 30년 차 기자다. 등산·여행·레저 담당 기자로 뛴 2년 3개월이 가장 행복했다. 그때 『신근교산』이라는 책을 냈다. 문화부 기자, 문화부장, 문화전문기자 등 문화·예술 부문 취재를 19년 이상 했다. 선임기자, 편집부국장을 지냈다. 현재는 국제신문 부국장 겸 문화라이프부 선임기자로 있다. 부산대 예술문화와 영상매체 협동과정 대학원 미학 석사 과정에서 공부했으나 학위는 못 받았다. 제1회 효원 언론인상, 한글학회부산지회 공로상, 라이온스봉사대상 언론 부문상을 받았다. 현재 인문 무크지 『아크』 편집위원이다.

『대등의 길』을 다시 꺼내 읽으며 전환을 궁리했다

 나는 지금 나림 이병주1921~1992 작가가 쓴 10권짜리 대하소설 『바람과 구름과 비碑』그림같은세상 펴냄 제5권을 읽고 있다. 이렇게까지 재미있을지 몰랐다. 『바람과 구름과 비碑』는 나림 이병주라는 불세출나는 진짜로 이렇게 믿는다의 거장이 그때껏 축적하고 입력하고 체험하고 시도하면서 체득한 모든 것을 풀어놓되, 어깨에 힘 빼고 약간 가벼운 마음으로 일간지 연재소설답게, 흥미롭게 써 내려간 역사소설로 다가온다.
 높은 경지에 오른 사람, 특히 예술가가 어깨 힘 빼고 쉽고 재미있어서 누구나 착 달라붙어 즐기는 작품을 창작한다는 일은 쉽지 않다. 비평과 평가가 박해질 수 있기 때문이다. 그러나 우리의 나림 이병주 소설가는 그런 데 개의치 않고 앤디 워홀이

'팩토리' 가동하듯 글공장을 돌렸다. 게다가 그때 비평가들은 나림에게 아무 관심이 없었다.

제5권에서는 천하의 풍운아이고 혁신가이며 지혜가 출중하고 인품도 원만하면서 민중과 약자에 대한 사랑도 간직했는데 동시에 천하의 대★잡놈이기도 한 주인공 최천중이 비로소 '삼전도장'을 한양 근교 삼전도에 세운 직후의 이야기가 펼쳐진다. 때는 조선 제25대 임금 철종이 죽고1864년, 고종이 즉위한 지 2년쯤 흐른 시점이다.

삼전도장은 최천중이 만든 새로운 공간이다. 지배층과 권력층이 썩어버려 온 백성이 고통에 빠지고 나라 운명이 지극히 위태로워진 조선 말기에 세상을 더 좋게 바꾸어 보려고 천하의 뜻 있고 재주 있고 심성 괜찮은 사람을 널리 모으는 목적이었다.

그렇다. 바로 '전환'을 위한 준비를 상징한다.

전환이 없으면 망할 텐데…

2025년 6월 대한민국에서는 새로운 대통령이 취임했고 새로운 정부가 들어섰다. 이 변화는 단순한 정치권력 교체가 아니다. 한국 사회 자체가 커다란 전환의 갈림길에 섰음을 뜻한다. 조선은 전환을 못 해서 망했다. 조선의 기득권 세력은 집요하게 전환을 방해했다.

이른바 '중종반정'이니 '인조반정'이나 하는 사건만 살펴도 공신 세력을 중심으로 한 기득권층 권력을 강화하며 사회의 전환 기풍, 변화 시도를 억압했을 뿐이다. 이와 비슷한 사례는 무수히 많다. 요컨대 전환을 통한 혁신이 없었던 조선은 망했다. 한국도 지금부터 전환을 통한 혁신을 이루지 못하면 여러 분야가 망할 수 있다.

／ 조동일 교수

／ 조동일 지음, 『대등의 길: 인류 역사의 새 지표』, 지식산업사, 2024.

이런 즈음 자꾸 생각난 책이 조동일 선생이 2024년 3월 펴낸 책 『대등의 길』이다. 나는 조동일 박사의 학문 여정에서 큰 감명을 받는다. 탈춤·국문학·고전·세계문학·미학·예술을 포괄하는 엄청난 넓이, 사유의 깊이, 과감한 비판과 제안을 접하면서 놀라움을 느낀다. 평생에 걸친 그런 학문 여정 끝에 가꾼 결실 가운데 하나가 대등對等의 길, 대등의 예술론이라고 판단한다.

조동일 선생은 『대등의 길』에서 이렇게 말했다. "이치가 이렇다고 그 자체로 논증하려고 하는 것은 아니다. 글을 난삽하지 않고, 재미있게 쓰려고 한다. 생생한 사례가 증거와 논리를 잘 갖추고 이치 이상의 이치를 알려주는 것을 찾아가 듣는다."51쪽 「유무有無 역전」 중

책의 흐름이 대체로 이와 같아서 '대등론은 이렇게 정의할 수 있다'고 이 글에서 간명하게 정리해서 제시하는 일이 쉽지 않다. 책이 사례와 이야기 중심이어서 그렇게 느낀다. 이는 내가 조동일의 대등론을 채 소화하지 못했기 때문이기도 하다. 그래서 우선은 책의 몇 대목을 예시로 들며 글을 전개해 보고자 한다.

"생명이 있고 없는 모든 것들이 대등한 자격을 가지고, 서로 갖가지 소통을 하고 있다. 사람만 잘났다고 착각하는 차등론을 버리고, 그런 연관 관계 속으로 들어가는 것은, 행복이라는 말도 할 필요가 없는 행복이다."119쪽

"18세기의 별난 문인 이옥李鈺이 남긴 『백운필白雲筆』이라는

저작에 기발한 글이 있다. 제목이 따로 없어, '蟲之樂충지락'이라고 하겠다. 벌레의 즐거움이라는 뜻이다. … 벌레는 모든 동물 가운데 가장 저열하다고 여기는 선입견을 버리고, 사람이 만물 가운데 으뜸이라는 관념에서 벗어나야 한다고 했다."125~127쪽

"앞에서 한 라마크리슈나와 최제우 비교에, 비베카난다와 최시형 비교를 보탤 수 있다. 라마크리슈나와 최제우는 차등을 철저하게 철폐한 대등의 기본 원리를 근접된 방식으로 깨달아 지녔다. 양쪽의 수제자 비베카난다와 최시형은 그 대등의 본체만 소중하게 여기지 않고, 활용을 넓히는 작업을 … 추진했다."187쪽

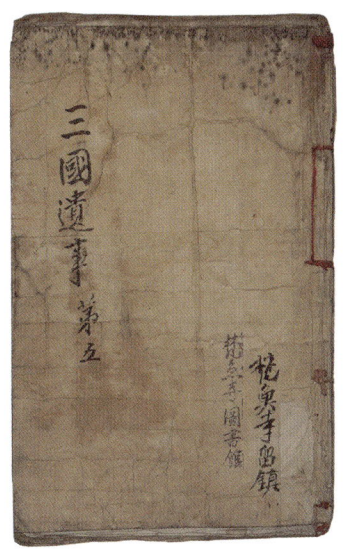

／『삼국유사』 1394년 간행본 표지, 범어사 소장

『삼국유사』권 5 감통感通 7에 '진신수공眞身受供'이라는 것이 있다. 석가여래 실제 몸이 공양을 받았다라는 뜻이다. 전문을 번역으로 제시한다. "왕이 몹시 남루한 승려에게 말했다. 이제 가거든 사람들에게 국왕이 친히 드리는 재에 참석했다는 말을 하지 말라. 승려는 웃으면서 대답했다. 폐하께서도 역시 사람들에게 진신석가眞身釋迦를 공양했다고 말하지 마십시오. 말을 마치고 몸을 솟구쳐 하늘로 떠서 남쪽으로 갔다. 왕이 놀라고 부끄러워 동쪽 언덕에 달려 올라가, 그 모습이 사라진 방향을 향해 멀리서 절하고, 사람을 시켜 찾게 했다." 234쪽

낡은 차등론을 배격하다

하다 보니 인용문 분량이 매우 많아지고 말았다. 이런 인용 문장 몇 개로 저자의 참뜻을 제대로 전하기는 힘들다는 생각이 든다. 그래도 요약해 보자면, 이렇다.

대등론은 예술론인데, 거기 머무르지 않고 세계관으로 확장한다. 뭇 생명·만물·사람은 대등한 가치와 지위를 지닌다. 그래서 대등론은 이 세상 존재와 사람 사이에 차등을 두는 차등론을 매우 강하게 비판한다. 저자는 차등론에 바탕을 둔 작품이나 가치관을 이미 한물간 낡고 후진 세계관이라며 서슴지 않고 대결

한다. 대등은 또 평등과도 미묘하게 다르다.

논지를 펴는 과정에서 저자는 강력한 수단 두 가지를 활용한다. 한 가지는 세계 문학이다. 국문학에서 출발해 일찌감치 동아시아 문학, 세계 문학으로 나아가 독보의 체계를 구축한 그는 인도 티베트 페르시아 아프리카 유럽 등지의 문학을 폭넓게 비교한다. 그 박람강기와 치열한 공부, 과감한 전환은 깊은 인상을 남긴다. 한국이라는 좁은 틀 안에 머물지 않는다.

또 한 가지는 창조 주권론이다. 대등한 존재인 모든 사람은 누구나 창조주권이 있다는 뜻이다. 그러니 예술 창작의 권리는 특정한 높은 계층이나 전문가에게만 국한되지 않는다. 누구나 예술을 창조하고 향유하는 일이 기본값이 된다.

이렇게 틀을 짜면, 실제로 엄청난 변화가 일어난다. 세계 곳곳 수없이 많은 사람이 스마트폰으로 콘텐츠를 창작하고 향유하고 소비하는 21세기의 현상을 이 이론은 감당한다. 그뿐만 아니라 이런 방향이 어떤 가치를 지녔고, 어떤 방향으로 흘러가야 바람직한지도 대등론의 관점은 제시할 수 있다. 이런 세계관과 어울리는 작품도 발굴하고 미학 원리를 제시할 수도 있다.

／수영들놀음, 말뚝이탈　　　　／수영들놀음, 영노탈

　"수영들놀음을 보면 양반춤에서 시작된다. 양반 형제들이 어울리지 않게 놀이판에 나왔다가 하인 말뚝이에게 욕을 보는 것이다. 농촌 탈춤에도 으레 있는 양반 풍자를 더 키워, 양반 삼 형제가 하인 말뚝이 하나를 이겨내지 못하고 불러보기도 전에 겁부터 낸다고 했다. 다음 순서로 재앙을 일으키는 무서운 동물 영노가 더 큰 재앙의 장본인인 양반을 잡아먹겠다는 과정에서는 공격이 더욱 격렬해진다. 영감과 할미가 다투는 과정에서 영감을 지체 높게 설정해서 반감을 고조시켰다."411쪽 이 문장은 이렇게 이어진다.

　"수영들놀음을 포함한 대등 연극인 희극은 세계 도처에 있다. 모두 고찰하려고 하면 너무 번거롭고 가능하지도 않아, 몇 가지 본보기만 든다. 중국 월남 인도 인도네시아 유럽 사례가 이어져 나온다."421쪽

내 안의 대등

아마 조동일 박사의 대등론에 관한 반론·비판·질문·무관심 등은 있을 것이다. 대한민국학술원 회원이며 대학자인 그의 설명·서술 방식이 다른 학자와 좀 다르다고 느껴지기도 하고, 새로운 담론이 갖는 낯섦도 작용할 것이다.

나 또한 '대등과 평등의 관계를 어떻게 볼지' '그렇다면 예술 작품을 평하는 기준점에는 어떤 변화가 오는지' '기존 미학 원리와 어떻게 비교할 수 있을지' '한국 사회에서 대등 예술론을 어떤 방향으로 펴는 게 좋은지' 등 혼자 궁리해서는 알 수 없는 궁금증이 생긴다.

그렇다고 해도 '대등의 길' '대등 예술론'은 극명한 전환의 시기를 맞은 한국에서 작정하고 고민하고 토론해 볼 예술론이자 가치관이다. 한국의 학자가 한국에서 공부하고 연구하며 세계를 보듬는 이론을 정초한 점 또한 특별하게 다가온다.

대등론을 잘 풀면, 『삼국사기』 속 그 뜻을 잘 풀 수 없는 옛이야기의 가닥을 잡아나갈 수 있겠다는 기대 또한 있다. 한국 예술

과 문화의 방향을 어떻게 잡고, 세계 문화 예술과 어떻게 사귀고 협업할지 갈래를 잡기도 훨씬 좋아질 것이다.

내 앞에 나타난, 아주 멋진 예술론이자 세계관인데 선뜻 이해했다고 소화했다고 말할 수도 없어 좀 답답한 마음도 들게 한 대등론을 놓고 고민하다가 하게 된 생각이 있다. 바로 '근대성'에 관한 접근법이다.

나는 나림 이병주 작가의 작품을 읽고 토론하는 모임에 참여한다. 나림의 독특한 시대상 위치와 그의 작품세계 때문인지 이 자리에서 곧잘 '근대성'에 관한 질문이 나온다. 그렇게 몇 번 이야기해 보아도 여전히 근대성은 무엇인가 하는 물음이 깔끔하게 해결되지 않는다. 수많은 '고승대덕'께서도 오래전부터 이 문제와 씨름한다고 하니 내 수준에서 깔끔한 해결을 어떻게 바라겠는가. 그래도 한 가지 단서는 찾았다.

근대성이란 것을 '내 삶'과 똑 떼어낸 채 '내 바깥에 존재하는 어떤 것' '객관 존재' 또는 도달해야 할 바람직한 목표나 단계로 보면 이 문제는 풀 수 없다는 점이다. 그렇게 접근해서는 근대성을 절대로 제대로 파악할 수 없다.

어떤 자리에서는 이런 이야기까지 들었다. "근대성의 중요한 요소는 개인의 탄생이다. 한국에서는 '나'라는 존재보다 '우리'가 앞서고 대화에서도 '나'가 들어갈 자리에 '우리'가 곧잘 들어간다. 그래서 한국은 근대성이 결여됐다."

이 말을 듣고는 '저 사람을 어떻게 해야 하나' 하는 생각이 들어 난감했다. 그렇게 접근하면 근대성이란 그냥 극심한 차등의 세계다. 이른바 선진국에는 근대가 있고 나머지는 후진이다. 딱 들어도 일본 극우나 한국의 식민지 시절 예찬론자가 한국의 열등함을 강조하려고 지어낸 말이다.

근대성 논의란 열기구에 끈으로 내 발을 묶어 놓는 일이다. 열기구가 하늘로 올라가는 순간 나도 딸려 올라간다. 나도 움직인다는 뜻이다. 세계의 근대성을 이야기하려면, 반드시 내 개인의 근대성을 함께 들여다보고 사유해야 한다. 근대성이란 게 내 속에 없으면 세계의 근대성 자체를 도무지 알아볼 수 없다. 내가 함께 바뀌어야 한다는 뜻이다.

대등론도 마찬가지라는 생각이 든다. 대등을 내 삶과 똑 떼어 놓고 과연 대등이란 무엇인가 하고 논의해 봤자 답은 안 나온다. 내가 세상을 대등하게 바라보고 대등하게 살아가는 사람이 되어야 한다.

그러고 보니 직전 한국 정부의 수장은 아주 지나치게 차등론에 지배된 사람이었다. 차등에 익숙하고 차등의 눈으로 세상을 보았으니, 차등의 행동만 한 것 같다. 이제 정부가 바뀌었으니 좀 달라지지 않을까? 그래서 더욱 진지하게 이 전환의 시기에 대등을 들여다본다.

정훈

문학평론가, 시인. 2003년 《부산일보》 신춘문예 평론으로 등단했다. 평론집으로 『사랑의 미메시스』와 『시의 역설과 비평의 진실』, 시집으로 『새들반점』이 있다. 인문 무크지 『아크』, 시전문계간지 『사이펀』, 월간 『시민시대』 편집위원으로 있다. 《부산일보》에 「정훈의 생각의 빛」을 2022년부터 연재하고 있으며, (사)한국작가회의 부산지회 부회장을 역임하고 있다.

쓰기, 새로운 국면의 자기 정립을 위한 날숨을 위하여

비평

2015년 8월 17일 오후 3시경 부산 소재 국립대학교 국어국문학과 교수가 대학 본관 4층 난간에서 투신, 숨지는 일이 벌어졌다. 문학평론가로도 왕성하게 활동하면서 연구와 비평을 겸하며 지역 문학의 발전과 저변 확대를 위해 노력한 분이라 그 파장이 깊었던 것으로 기억한다. 나 또한 투신 소식을 듣고 충격을 받았다. 필자의 지도 교수였기 때문이다. 평소 무뚝뚝한 성격으로 제자들조차 쉽게 다가서기가 쉽지 않은 분이었다. 이 사건은 내게 대학 당국과 평교수 사이의 반목과 갈등, 혹은 학내 민주화라는 표면적인 원인보다는 글쓰기와 실존적인 한 인간이 주고받은 내밀한 관계에 몰두하게 하였다. 그는 학계에서 시론 연구자로 알려져 있었고, 평단에서는 꾸준히 새로운 경향의 시인과 작품을 발굴하고 조명한 비평가로 남다른 평가를 받았다.

연구와 비평 활동 외 특기할 만한 점이 있다면 작고 2년 전 시집을 발간한 일이다. 『평사리 송사리』전망, 2013라는 시집을 펴내 그간 숨기고 있었던 시적 재능을 드러내기도 하였던 것인데, 이 사실로 해서 그는 말년에 '시인' 꼬리표를 달았던 셈이다. 비평 활동을 겸한 문학 연구자로서 지역 내 탄탄한 입지를 다지고 있던 그가 갑작스레 시집을 낸 까닭이 무엇이었을까? 물론 이런 물음이나 궁금증이 그의 실존적인 베일이나 빈틈을 메우는 퍼즐 조각이 될 수는 없다. 장르를 불문하고 작품집을 내는 일이 작가의 삶과 의식을 되짚는 수단이나 단서가 되기도 한다. 하지만 고인이 되기 불과 2년 전에 자신이 평생 천착하였던 연구논문이나 비평을 담은 저서가 아닌 시집으로써 예술적 자의식을 드러낸 일은, 그의 죽음을 계기로 한 사람의 내면 풍경을 가늠하고 싶은 생각을 불현듯 불러일으킨다.

글쓰기란 무엇인가? '쓰기의 시학'을 가능하게 하는 동력에는 쓰는 이 자신에 대한 존재 긍정과 함께 세상을 이해하는 제 나름의 준칙이 들어 있다. 더욱이 인문적 글쓰기란 현재 자신을 형성한 사고思考 더미에서 몇 가지 성분을 더하고 빼는 과정에서 조금씩 앞으로 나아가는 사유의 발전을 이루는 작업이다. 이 작업이 고귀한 행위인 까닭은 삶과 존재의 의미를 스스로 캐묻고 방향을 정하면서 자라는 지적 성장을 위한 과정이기 때문이다. 문학평론가는 작품을 읽으면서 세계 이해를 풍요롭게 한다. 세계를 바라보는 시각이 다양하다는 사실을 인정하면서, 여러 가지 조건과 가능성을 통해 새롭게 추출되는 인식의 틀과 기준을 작품 분석으로 표현한다. 그러니까 비평은 비평가가 작품을 매개로 한 세계와 대화를 나누는 일인 것이다.

  이러한 비평 작업을 20여 년 성실하게 수행해 온 문학평론가가 시집을 낸 정황에는 그동안 시 작품을 통해 세계와 대화를 나누는 일을 잠시 접어두고, 내면에 아로새겨져 있는 감각과 이미지를 지적 언어가 아닌 감성적인 언어로 객관화하고자 하는 욕망을 어쩔 수 없었던 솔직함을 전하고자 한 마음이 숨어 있다. 그는 비평 언어로 충분히 나누지 못했던 세계의 속내를 시 언어로써 담아내고자 한 것이다. 이런 의미에서 비평가의 시는 곧 비평가의 일기요 수기가 된다. 다른 시인의 시 분석을 통해서도 비평가의 마음이 들어 있기 마련이지만, 시라는 장르의 특징으로 본다면 내밀하고 은밀한 자아의 속살을 넌지시 보여주는 행위이기 때문에 그의 내면이 그린 무늬의 풍경을 엿볼 수 있는 중요한 형식이 되는 셈이다. 첫 시집이 불행하게도 유고 시집이 된 그의 시집에는 이런 시가 들어 있다.

눈을 닫습니다. 어머니. 얼마나 야위어 가는 햇살입니까. 바람도 흐릿한 바람이 흘러갑니다. 떠도는 말들이 사람을 길들이고 있습니다. 어머니. 스스로 익어가는 것은 참 아름답습니다. 돌아보면, 속을 캐내지도 않은 말로 몇 번씩 부드러운 눈빛을 가두었습니까. 푸른 물결이나 다스리는 섬에 머무르겠습니다. 드문드문 잡풀의 깊은 우물에서 고독한 말들을 퍼 올리겠습니다. 어머니. 그것의 큰 뿌리까지 아주 만나서야 눈을 열겠습니다. 가슴 가득 햇빛 내비치는 물이 되어 제가 가는 어디에나 들어가겠습니다.

- 고현철, 「부활」

연구와 집필이 일상의 거의 전부를 차지하는 사람의 삶에 가하는 실존적 중력의 버거움은 어떤 포즈로 놓여 있을까? 글쓰기의 분주한 펜을 잠시 내려놓으면서 되돌아보는 생애의 이력을 훑으면 누구라도 현기증을 느끼지 않을 수가 없다. 작품의 행간을 들여다보면 뚜렷해지는 여백에 그려놓는 비평가의 고뇌의 흔적은, 마치 아라베스크처럼 지면을 물들이며 번지는 삶의 오욕과 절망으로 가득 차 점점 일그러진 자화상이 되어간다. 이를 겪어본 사람은 잘 알 것이다. 시인의 언어는 비평가의 섬세한 손길로 또 하나의 풍경으로 되살아난다. 새로운 풍경으로 되살아난 시 언어가 차곡차곡 쌓이며 구축한 성채가 비평가의 사유를 둘러싸는 단단한 울타리가 되어버린다는 사실을 알아챘을 때의 낭패감과 함께, 글을 둘러싼 익명의 소음과 마주칠 때 찾아오는 비평가의 고독한 운명을 어느 누가 알아주겠는가. "드문드문 잡풀의 깊은 우물에서 고독한 말들을 퍼 올리겠"다는 은밀한 고백으로 그런 쓸쓸한 내면 한복판으로 눈길을 주어 다시 벌거벗은 비평 언어의 형식을 매만지려 했을지도 모른다. 어쨌든 시집을 내고 2년이 지난 뒤 그는 심연과도 같았던 세계 속으로 야윈 몸을 던졌다.

고향으로 가는 길

글 쓰는 사람에게는 두 종류의 고향이 있다. 하나는 말뜻 그대로인 태어난 지역이나 마을이고, 나머지 하나는 무한한 상상력을 제공해 주는 원천으로서 구체적인 공간이다. 이러한 특정 장소나 장소를 둘러싼 배경과 이미지는 오랫동안 잊히지 않고 작가가 쥔 만년필 속 잉크처럼 글쓰기를 추동한다. 글 쓰다 잠시 멈춘 펜촉에 머금은 잉크가 시간이 지나면서 마를 때, 공기와 잉크 사이를 덮은 투명한 막은 기체와 액체가 서로 밀고 당기는 팽팽한 압력을 버티면서 다음에 써 내려갈 낱말과 문장을 추측한다. 하지만 추측과 실제의 글이 매번 헛돌 수밖에 없다. 작가는 고갈

된 상상의 자리에 고향으로 달려가 두레박질하듯 이미지를 하나씩 떼어내 갖다 붙이곤 완결된 문맥을 만들어 낸다. 안개처럼 자욱한 이미지에 선을 그리고, 입체감을 주기 위한 창조적인 개연성을 구성하면서 꿈결 같은 바다 위를 항해하는 것이다. 이것이 그리움이 글로 변형되는 과정이다.

부산 북구 만덕동에 의류 생산 업체인 광덕물산 공장이 있다. 동서로는 남해고속도로와 만덕터널로 진입하는 도로가 나 있고, 남북으로는 백양산과 금정산 사이로 움푹 꺼진 경사로를 마주한 채 아파트를 비롯한 주택이 빼곡하게 서로 마주 보고 있다. 온천동에서 만덕터널을 빠져나와 남해고속도로 진입로에서 오른쪽으로 난 도로를 타고 광덕물산을 조금 지나면 한국폴리텍대학 부산 캠퍼스와 아파트 단지로 들어가는 샛길이 있다. 아파트 진입로를 따라 올라가면 모두 16개 동으로 구성된 기비골마을아파트와 덕천2지구 도개공아파트가 나란히 들어서 있다. 나는 도개공아파트에서 20년가량 살았다. 태생적인 고향은 다른 곳이지만, 부산으로 이사 와서 가장 오랫동안 살았던 마을이니 고향이나 다를 바 없다. 그런데 2014년 부산 중구로 이사하면서부터 일상 공간의 좌표가 바뀜에 따라 10년이 조금 지난 지금까지 한 번도 가보지 않았다. 더러 꿈속에서 마을버스를 타거나 걸어 내가 살았던 109동으로 들어가는 장면이 여러 차례 변형되어 나타나곤 한다. 때로는 대낮에도 그곳이 마치 일과를 마치고

귀가해야 하는, 그래서 지금은 돌아가신 부모님이 기다리고 있는 말 그대로의 집처럼 착각할 때가 종종 있다.

이런 특별한 체험은 선명한 이미지 몇 가지를 되풀이해서 나에게 던진다. 앞으로도 절대 잊지 못할 그 장소에서는 말년에 지팡이에 의지하면서 걷다 도로변에 자주 풀썩 주저앉으시던 어머니가 계신다. 단지 진입로에 자리한 상가 1층 마트를 들락거리면서 잠시 벤치에 앉아 밤공기를 들이마시던 일, 지하철 남산정역에 내려 집으로 가는 길목에 선 담벼락이며 상가가 드문드문 그림처럼 수놓고 있던 흐린 날의 동네에는 대학노트에 쓰다 만 평론 원고와 책 두어 권이 들어 있는 가방을 둘러맨 청년이 고개를 숙이며 지나다니곤 했다. 그리움의 반짝이는 눈빛이 맺혀 있는 마을에서 더러 풍물패로 단장한 마을 어르신들이 꽹과리와 북을 치면서 집집마다 건강과 행운을 빌 때도 있었다. 그 속에 각설이 복장을 한 어머니도 끼어 있었다.

돌이켜보면 20년 동안의 삶이 묻어 있는 그곳에서 나는 웃고, 울고, 행복했으며, 시름에 빠져 허우적거렸던 것 같다. 고현철 교수가 운전하는 차가 만덕대로를 가로지르면서 출퇴근하는 모습도 몇 번 보았다. 그는 대학과 집을 왕래하기 위해 만덕대로를 가로질렀을 터이고, 나는 원시림의 동굴과도 같았던 마을과 광장의 언어를 자명종의 추처럼 이리저리 흔들리며 방황하고 있었던 것이다. 그러다 덜컥 등단하게 되었다. 요절한 시인의 유고 시집을 낱장이 너덜너덜해질 때까지 읽고 떠오른 말을 구성한 글이 운이 좋아 심사위원의 눈에 띈 것이다. 등단 이전과 이후의 글쓰기가 덕천동, 그 흐린 바람과 개천에서 피어나는 삶의 진창을 경계로 해서 갈라졌다고 생각한다. 본격적으로 비평 활동을 시작할 무렵인 2003년 이후, 나는 글자와 글자 사이에 숨어 있는 작가의 내면이 그리는 그림을 마치 현미경처럼 들여다보려 하였다. 그러자 누구나 저만의 고향을 터전으로 해서 글을 쓴다는 사실을 알게 되었다. 나는 개천에서 뭉게뭉게 피어오르는 하루살이들의 그리움이 버짐처럼 달라붙어 있는 덕천동 길목마다 떠나가는 이들의 뒷덜미를 잡아채려는 목소리를 들었다. 그것은 사람을 보내는 소식이자, 다시 돌아오는 이를 반갑게 맞아들이는 인사였다. 2024년, 모처럼 꿈속에서 그 마을을 둘러보았다. 그곳으로 가는 길가에 핀 개망초와 바람꽃이 하늘을 향해 웃고 있었다. 그리고 어머니가 저만치 앉아서 먼 하늘을 올려다보았다. 가만히 곁에 앉았다.

**글쓰기라는 이름의 영도永渡,
혹은 시시때때로 변주되는 순간의 미학에 대하여**

삶은 선택과 집중이 저도 모르게 실현되는 과정이다. 하루하루가 달라진 게 없고 늘 비슷한 양상이 재현되는 것처럼 보여도 실상은 그렇지 않다. 주기와 리듬은 일정해도 그 속을 들여다보면 재빠른 속도로 달라지거나 후퇴와 진전이 거듭 교차한다. 한 편의 글은 이러한 삶의 형식과 풍경을 인화印畫하는 능동적인 문화의 일종이다. 그렇기에 모든 글에는 그 시대의 흐름과 글 쓰는 이의 사고가 맞닥뜨리면서 빚어내는 섬광이 농도와 관계없이 들어 있다. 우리 시대는 참으로 어처구니없게도 '글' 자체가 지니는 비경제적인 속성을 지나치게 강조한 나머지, 상업적으로 성공한 작품이나 문구가 사람들 입에 회자膾炙되는 딱 그 수준만큼의 사유 체제로서 글을 바라본다.

글쓰기가 대중의 욕구와 소비시장에서 요구하는 시스템에 갇혀 있을 때, 글 속에 담긴 작가의 세계는 스스로 울타리를 치고야 만다. 내가 글을 쓰기 시작할 무렵부터 지금까지 어떤 일이 있어도 놓치지 말아야 한다고 생각한 것이 몇 가지 있다. 그중 하나가 아무도 모르게 사라져 간 목소리를 담아야 한다는 것이었다. 이 목소리는 내가 직접 들은 소리이기도 하지만, 한편으로는 세계 한 귀퉁이에 버려져 있거나 달라붙어서 형해화가 되어 버린 말의 형식 틈새 촘촘히 붙박여 있는 모든 외로움이다. 이들의 입술은 문드러졌거나 봉해져 있다. 낡은 고향으로 가는 길 문턱에서부터 내가 몸을 웅크리고 소주를 마시면서 노트에 한 줄 한 줄 써 내려갔던 2평이 채 못 되는 작은방에 이르기까지 도열해 있던 모든 세계의 형식은 의지와는 관계없이 불쑥불쑥 생각의 경계를 뚫고 들어온다.

그것은 가을 하늘을 지나던 기러기가 둥지로 돌아가는 일처럼 자연스럽게 내 마음의 문을 열면서 들어온다. 내가 거기로 가는 것이 아니라, 그것이 나를 향해 밀치고 들어오는 것이다. 이렇게 언제 끝날지 모르는 삶의 여정을 건너는 나그네처럼, 글은 능선을 타고 넘어 펼쳐져 있는 영원한 길 위에서 갈지之 자를 그리며 나아간다. 그 여정에서 아름다움은 시시때때로 찾아오리라 믿는다. 이 길은 멀리서 보면 일정하지만, 사실은 순간순간 태도와 방향을 결정하면서 선택하는 결단의 행보이다. 막다른 길의 좌표를 상상하면서도 끝내 선택한 길이 나를 배신하지 않으리라는 신념으로 차근차근 숨을 내쉬는 일이다. 이것이 꾸준한 글쓰기가 맞닥뜨릴 수밖에 없는 운명이다.

2025년 8월 17일, 고현철 교수 10주기를 즈음하여 '고현철교수기념사업회'가 『고현철교수10주기백서』가제를 준비하고 있다. '제자'였다는 이유만으로 '스승으로서 고현철 교수의 추억'이라는 글을 써서 보냈다. 돌아가신 지 10년이 흘렀다. 비평가의 이름에 걸맞게 냉철한 사유를 견지했던 그의 가느다란 손가락이 기억난다. 그가 행한 비평 작업의 의미와 가치는 언젠가 연구되어 공개되리라 본다. 결국 좌절과 절망에 휩싸인 채 몸을 던졌지만 그가 실타래처럼 얽힌 언어의 결을 하나씩 풀어나가면서 멈춘 지점이 어디였는지 탐색하고 싶다. 여기에서부터 내 비평의 전환점이 생겨난다. 그러면 또 다른 국면을 마주할 것이고, 그 국면으로 해서 새로운 나 자신을 위한 정립이 가능해질 것이다. 이 또한 먼 길을 떠나는 자가 부딪히면서 만나게 되는 세계이다. 그 세계가 하나씩 모여 그리움의 원천에 닿게 될 것이다.

아크 ARCH-

공존을 위한 인문 무크지

10 전환

ⓒ 2025, 상지인문학아카데미 Sangji Humanities Academy

글쓴이	강동진 고도원 고봉준 김종기 나지메딘 메시카티 류영진 심상교 유인권 이도경 이성철 장은수 장현정 전성현 정 훈 조봉권 조재휘 차윤석 천정환 한지윤
초판 1쇄	2025년 6월 30일
발행인	허동윤
고 문	이성철
편집장	고영란
편집위원	박형준 장현정 정 훈 조봉권
도 움	서동하 김혜진
디자인	김희연 정동규
발 행 처	㈜상지엔지니어링건축사사무소
등 록 일	2024년 6월 23일
등록번호	수영, 사00006
주 소	부산광역시 중구 자갈치로42 신동아빌딩 5층
전 화	051-240-1527~9
팩 스	051-242-7687
이메일	sangji_arch@nate.com
출판유통	(주)호밀밭 homilbooks.com

정기구독문의   051-240-1526, 1529
(연 2회 발행, 2만 4천 원)

ISBN   979-11-6826-164-8 (03060)

※ 이 책에 실린 글은 저작권법에 의해 보호받는 저작물이므로
   사전 협의 없이 무단으로 사용할 수 없습니다.
※ 가격은 뒤표지에 표시되어 있습니다.

아크 1 휴먼 허동윤 · 시대와 인류의 가치를 생각하는 담론장 되길
고영란 · Editor's letter

정남준 · photo gallery(자갈치 휴먼)
이성철 · 인문학 산책
배병삼 · 공자, 맹자, 인간
장현정 · 칼과 흙
김종기 · 그림으로 보는 인간의 역사
권명환 · 그리면서 그려지는 '나'의 미로 통과하기
허동한 · 인간, 노동 그리고 경제
차윤석 · 프리츠커상(賞), 그게 도대체 무슨 상이지요?
이한석 · 삶의 공간, 육지를 넘어 바다로
우동주 · 지속가능한 삶, 지속가능한 주거
김기수 · 전통사회의 문화와 문화 건물(건축)
조봉권 · 삼국유사, 길을 찾아서
정천구 · 삼국유사, 민중의 인간 선언
박형준 · 장항의 마음
류영진 · 일본(인)을 사유하기 위하여
예동근 · 노신의 '나래주의'와 인문교류
조재휘 · 코로나 이후의 영화문화를 전망하며
김재환 · 열 장의 이야기와 다섯 편의 시를 찾아서
이명원 · 김종철과 『녹색평론』이 남긴 것
정 훈 · 당신은 나를 슬어서 그늘에 안장한다
김창일 · 해녀의 삶을 변화시킨 공간
이병순 · 공중전화
최원준 · 돼지국밥과 부산사람
엄상준 · 사람이 사라진 자리, 노래가 시작되다

아크 2 **믿음**   허동윤 · '믿음'에 대한 환기喚起
           고영란 · Editor's letter

임응식 · 희구
백원담 · 삶의 들락은 꽈당하고 닫히는 게 아니다
강동진 · 3인의 여성, 좋은 미래를 향한 그녀들의 열정과 꿈
장현정 · 인간에 대한 믿음은 모든 것을 뛰어넘는다
이성철 · 믿음에 대하여
최강민 · 믿음에 대한 확실한 질문
정 훈 · 우리가 그것을?
정천구 · 동아시아에서 믿음과 그 변주
김문기 · 후조候鳥, 기후의 뜻을 묻다
한형식 · 믿음에서 과학으로의 발전
김도현 · 장애학에 대한 잘못된 믿음과 새로운 이해의 길
한성안 · 사회적 자본의 경제학
허동한 · 믿음, 신뢰와 협력 관계의 메커니즘
류영진 · '친밀성의 상품화'를 생각하며
조봉권 · '버스컵'을 치면서 이순신 장군을 생각했다
박형준 · 독학자의 슬픔
김태만 · 국가를 믿습니까?
김가경 · 당신의 안부
차윤석 · 프리츠커상, 누가 받나요?
이한석 · 기후변화, 해수면 상승, 그리고 연안 도시
김종기 · 그림 속에 나타난 믿음의 이미지
조재휘 · 선생과 제자 사이
심상교 · 무병 앓기부터 내림굿까지

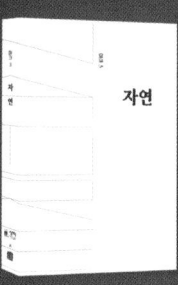

아크 3 **자연**　허동윤·'자연스러운 세상'을 향한 발걸음
　　　　　　고영란·Editor's letter

　　　　　　정　훈·없는 곳에 오신 걸 환영합니다
　　　　　　하창수·인간에 비춰 본 자연
　　　　　　장현정·우리는 '자연'과 '깐부'일까?
　　　　　　이성철·자연과 사회의 공생은 꿈속의 꿈일런가
　　　　　　황규관·자연, 자유를 위한 조건
　　　　　　장희창·리프킨의『엔트로피』와 괴테의『색채론』
　　　　　　이성희·무의 들녘에서 만난 매화
　　　　　　황명호·자연과 '스스로움'
　　　　　　류영진·일본인들의 자연과의 거리두기에 대하여
　　　　　　강동진·무위자연無爲自然의 정신으로 살기
　　　　　　김　준·한국의 갯벌, '쓸모없는 땅'과 '세계유산'의 사이
　　　　　　조봉권·자연인 이창우 약전略傳을 쓰다가 겸손을 만났다
　　　　　　정대현·사랑하는 자만이 살아남는다
　　　　　　임회숙·비정非情한 균형과 평등
　　　　　　배재국·우리 함께, 이 우주
　　　　　　차윤석·자연, 건축의 가치, 그리고 프리츠커상
　　　　　　이한석·지구위기에 지속가능한 '바다 위 도시'를 향하여
　　　　　　김종기·그림 속의 자연 이야기
　　　　　　조재휘·근대 인간과 자연의 역운逆運
　　　　　　심상교·민속신앙 속 흐름과 멈춤

아크 4 환대

허동윤 · 환대할 준비
고영란 · Editor's letter

김용석 · 인간의 과제, 환대(Hospitality)에 관하여
송철호 · 『맹자』, 환대의 공간, 환대의 미학
전진성 · 역사로의 환대: '역사 없는 사람들'의 역사를 위하여
김만권 · 환대의 정치 메르켈
류영진 · 일본의 환대 : 수용과 거절의 딜레마
신지은 · 이방인, 무조건적 환대, 테오레마
정 훈 · 해월의 마음
조봉권 · 환대가 기적으로… 광주로 떠난 '환대 여행'
고영란 · 마을미술이 환대가 되기까지
권대오 · 엑스포와 환대
강동진 · 부산과 부산항, 그 존재의 의미
고종석 · 환대받지 못했으나, 세상을 환대한 뮤지션 양병집
박형준 · 불편해도 괜찮아: 관용과 환대 사이에서 공존의 길을 모색하다
장현정 · '차가운 세계'를 '따스한 집'으로
차윤석 · '환대'받지 못하는 건축
이한석 · 위기의 시대, 환대의 해양건축
김종기 · 타자와 환대. 그림 속 타자의 이미지와 환대의 문제
조재휘 · 환대의 조건을 질문하며
심상교 · 서사의 내용과 방향을 좌우하는 환대

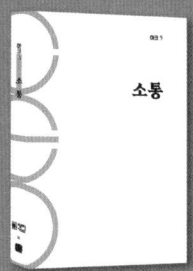

아크 5 **소통** 허동윤 · 소통에 대한 사색과 실천을 위해
고영란 · Editor's letter

이성철 · 말들이 돌아오는 시간
장현정 · 모든 것엔 금이 가 있다. 그래야 빛이 들어온다
정희준 · 소통 금지 사회의 기원, 그리고 매개 소통 사회의 이면
황규관 · 자신과의 대화로서의 소통
김형곤 · 커뮤니케이션이란 무엇인가?
이기준 · 이제까지 경험하지 못했던 존재와 소통
류영진 · 일본적 소통으로 나아가는 한국, 한국적 소통을 시도하는 일본
강동진 · 큰 테이블에서 시작된 소통 이야기
조봉권 · 나는 왜 늘 '흥행'에 처참하게 실패할까
유 숙 · 정신장애인을 바라보는 새로운 '시선'
고윤정 · 소통의 기술
김지현 · 흰 콩떡 먹기
차윤석 · 공간, 그리고 소통
이한석 · 육지와 바다의 매개 공간, 워터프런트
김종기 · 소통 : 억압, 차별, 배제를 넘어
조재휘 · 〈접속〉1997에서 〈헤어질 결심〉2022으로
심상교 · 신은 존재한다. 고로 나는 소통한다

아크 6 **기분**

허동윤 · 명랑한 기분이 넘쳤으면 하는 바람
고영란 · Editor's letter

박유정 · 당신의 기분은 어떠십니까? 기분의 철학적 의미
장현정 · 기분 氣分의 기술 技術
송철호 · 기 氣와 분 分, 그리고 기분
박형준 · 개인과 사회의 체온계 기분과 문학
이성희 · 예술과 기분, 그리고 멜랑콜리
장희창 · 서정시에서 '서정'이란 무엇인가?
이성철 · 기분은 내 마음대로 되지 않는다
류영진 · 일본인들의 기분이 어떠냐고요? 그건 받아들이기 나름입니다
강동진 · '부산', 기분이 좋아짐^^
오선영 · 기분을 표현하는 법
정　훈 · 두려움과 떨림의 오블리비언 oblivion
조봉권 · 평정심, 평정심… 봉권아, 평정심…
조광수 · 만나면 기분 좋은 사람
차윤석 · 비어있는 곳의 기분
이한석 · 바닷가 경관, 그 흥에 취하여
김종기 · 기분 감정의 합리성에 대하여
조재휘 · 공기의 영화, K의 기분
심상교 · 기분, 화이트 트라우마를 유지하는 방식

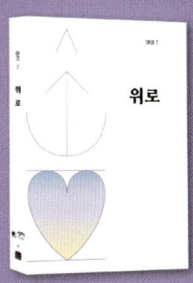

아크 7 위로   허동윤 · 위로가 필요한 시대
고영란 · Editor's letter

김종기 · 비극, 카타르시스, 공동체, 그리고 위로
장현정 · 인간이 불가능을 극복하는 방식, 위로
조봉권 · 허무의 쓸모-허무 실용주의를 만나다
권명환 · '함께' 외로운 우리 시대의 '위로'
천정환 · 위로의 변증법과 복수하려는 마음
이승원 · 위로, 연대, 그리고 우물물 한 동이
심상교 · 밤을 밝히는 위로와 부끄러움에 대한 위로
강동진 · 탈산업화의 시대, 위로가 필요한 것
차윤석 · 불안과 방어기제, 그리고 도시건축의 자위
이성철 · 고독했던 사람 고흐, 우리에게 위로를 건네다
문종필 · 위로를 받는 세 가지 방법
엄상준 · 클래식 음악은 위로인가?
박형준 · 향파 이주홍은 왜 친일을 고백하지 못했나?
조재휘 · '도피'와 '외면'으로서의 위로 - '힐링'과 '웰빙'을 생각하며
류영진 · 어떤 위로로 하시겠습니까? 일본 메이드 카페 관찰기
정 훈 · 아무도 눈여겨보지 않는 자의 눈동자를 응시하는 눈
손택수 · 나를 위로하는 사물과 음식과 시
이승헌 · 그늘
허태준 · 위로, 내가 밝힐 수 있는 시간의 최대치

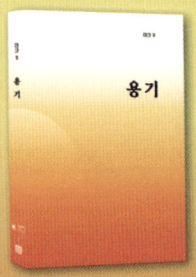

아크 8 용기

허동윤 · 누구나 '용기'를 가질 수 있는 세상이 오기를
고영란 · Editor's letter

장현정 · 어느 날 아침, 벌레로 변하지 않을 용기
류영진 · 사죄할 수 있는 용기
조봉권 · 용기에 관해 생각하는 일이 내게 용기를 주기를
이성철 · 일상의 용기
권명환 · 나 자신으로, 우리로 존재할 용기
김종기 · 용기란 무엇인가?
이기철 · '하자'고 말할 때 '다 함께'를 기억해야 한다
이지문 · 내게 용기는 부끄러움이었다
조재휘 · 참된 용기의 형태란 무엇인가
 - 사일런스(2016)와 킹덤 오브 헤븐(2005)
심상교 · 서사 작품에서의 선과 악 그리고 용기
김종광 · 앞으로도 용감합시다
강동훈 · 읽지 않고 사지 않는 시대에 서점을 하겠다는 용기
정 훈 · 청동 손가락으로 써진 시(詩)
차윤석 · 부정할 용기
천정환 · 죽음 앞의 용기
오현석 · 한센인, 용기 있는 자들
강동진 · 과거의 용기를 현재로, 그리고 미래를 위한 용기로

| 아크 9 **품격** | 허동윤 · 한 사람, 한 사람을 소중히 하는 마음 |
| | 고영란 · Editor's letter |

장은수 · 품격, 이타성의 다른 이름
이명원 · 품위와 적막 - 루쉰을 생각하며
장현정 · 조용히 이 세계를 사랑하는 마음, 품격
김　언 · 성난 얼굴인가? 부끄러운 얼굴로 돌아보라
천정환 · 품격의 문화정치: 그를 '돼지'라 불러도 될까?
류영진 · 품격의 파시즘
오진혁 · 제국이 지켜온 가치와 품격 (관용과 포용, 조화와 공존)
차윤석 · 욕망의 품격
강동진 · 품격 있는 도시, 그것은 본질을 지킬 때 잡을 수 있는 것
심상교 · 한국 전통미학의 품격
김종기 · 품격과 아우라에 대하여
박형준 · 고고함이 아니라 비루함에서
조재휘 · '문화 강국'과 '아름다운 나라'는 가능한가?
　　　　 - '품위'를 잃어가는 한국영화의 우울한 풍경들
이상헌 · 춤, 품격의 동시대 가치
박찬일 · 식당에서 일어나는 품위의 순간들
조봉권 · 꾀죄죄와 오종종을 넘어…동동숲에서 만나요
정　훈 · 이 학교를 보라 - 명문(名門)의 정신과 형식
이성철 · 마르얀 언덕의 훈풍: 길 위에서 만난 품격들

아크10 전환   허동윤 · 아크 10호 발간에 부쳐
         고영란 · Editor's letter

10호 특집

장은수 · 인문학 생태계 정착을 위한 인문 플랫폼 아크 - 발행인 인터뷰
고도원 · 전환, Beyond Dream
나지메딘 메시카티, 이도경
         · 하드파워와 소프트파워를 넘어서: 함포 외교에서 엔지니어링
           외교로, 왜 지금인가?

장현정 · 일생에 단 한 번쯤 사랑하세요, 뜨겁게, 애틋하게
천정환 · 반년, 12월 3일부터 6월 3일까지: 어두움과 '전환'의 희망과
김종기 · 욕망이 진실을 대체하는 시대, 예술은 무엇을 할 수 있는가?
이성철 · 인상파와 그림의 전환
심상교 · 전환의 미학: 감성과 언어의 경우
유인권 · 레볼루션 - 혁명, 대전환의 시대
한지윤 · 말이 통하는 도구들의 시대 - 우리가 대화를 나눈다는 것은
조재휘 · 전환의 시대에 그림자를 돌아보며
류영진 · 일본 지성사의 엔진, 번역이라는 전환의 기술
전성현 · '전환'과 해방 80년
차윤석 · 전환의 대가
강동진 · 부산, 발상의 대전환이 필요한 지금
고봉준 · 한국문학의 생태적 전환을 위하여
조봉권 · 『대등의 길』을 다시 꺼내 읽으며 전환을 궁리했다
정 훈 · 쓰기, 새로운 국면의 자기 정립을 위한 날숨을 위하여

ARCH - 아크

아크 홈페이지 오픈!

2020년부터 차곡차곡 쌓아온 소중한 글들,
그 깊이 있는 사유와 이야기를 더 많은 분들과 함께 나누고 싶었습니다.

인문학 강좌를 듣고
인문 무크지 『아크』를 읽고
최신 강의 소식을 확인할 수 있습니다.

함께 만드는 아크 구독 서비스(월 1,000원)
선한 영향력을 넓히는 인문학 생태계, 여러분의 구독으로 시작됩니다

www.archsangji.com

지금 바로 홈페이지를 방문하세요.

상지인문학아카데미 & (사)부산미술협회 시민대학

미학으로 그림 읽기

김 종 기
독일 훔볼트대학교 철학박사
부마민주항쟁기념재단 상임이사

도상해석학부터 작가와 컬렉터에 대한 이해까지,
34강으로 만나는 독일 훔볼트대학 철학박사 김종기의 미학 특강!

1학기
2025. 5. 27. — 11. 4

2학기
2025. 11. 18. — 2026. 4. 21.

TUESDAY 月(월) 3회 | PM 06:30
상지건축 6층 대회의실 부산 중구 자갈치로 42 신동아빌딩

전 과정 수료시, 부산미술협회
도슨트 자격증 수여

학기 당   800,000원(회원 가입 시   700,000원)
전 과정 1,500,000원(회원 가입 시 1,300,000원)

강의 신청

문의 | 051-240-1526 / 1529   홈페이지 | https://www.archsangji.com   블로그 | https://blog.naver.com/osangji

상지건축   상지인문학아카데미

미학으로 건축 읽기

2025. 4. 7. 월 ~ 한 달에 한 번 진행
오후 3시 상지건축 대회의실

김종기
독일 훔볼트대학교 철학박사
부마민주항쟁기념재단 상임이사

고전에서 현대까지, 미학으로 풀어내는 건축

1강	그리스와 파르테논 신전
2강	노트르담 대성당
3강	피렌체 대성당
4강	바로크의 극적인 표현과 장식 미학 베르사유 궁전
5강	이슬람 건축의 기하학적 아름다움
6강	아시아 전통 건축의 미학
7강	근대 건축의 혁신
8강	모더니즘과 국제주의
9강	포스트모더니즘과 해체주의
10강	상하이 타워

상지인문학아카데미 시즌3!
잇츠 시네마

2025.05. ~ 2026.04. 오후 6시 30분

장소 | BNK 부산은행 아트시네마 모퉁이극장

5/28(수)
퍼펙트 데이즈
Perfect Days
2024년 개봉 | 일본 | 빔 벤더스 감독 | 124분
진행 | 장헌정 (주)호일밭 대표

6/18(수)
콘클라베
Conclave
2025년 개봉 | 영국, 미국 | 에드워드 버거 감독 | 120분
진행 | 김수환 부산가톨릭대학교 교수·신부

7/23(수)
괜찮아 괜찮아 괜찮아!
It's Okay!
2025년 개봉 | 한국 | 김혜영 감독 | 102분
진행 | 김은정 영화평론가

8/20(수)
하얼빈
Harbin
2024년 개봉 | 한국 | 우민호 감독 | 114분
진행 | 고지훈 국사편찬위원회 편사연구관

9/18(목)
고독한 미식가 더 무비
The Solitary Gourmet
2025년 개봉 | 일본 | 마츠시게 유타카 감독 | 110분
진행 | 박찬일 요리사·에세이스트

10/22(수)
존 오브 인터레스트
The Zone of Interest
2024년 개봉 | 미국, 영국, 폴란드 | 조나단 글레이저 감독 | 105분
진행 | 전진성 부산교육대학교 교수·역사학자

11/19(수)
새벽의 모든
All the Long Nights
2024년 개봉 | 일본 | 미야케 쇼 감독 | 119분
진행 | 조재휘 영화평론가

12/17(수)
화이트 버드
White Bird
2025년 개봉 | 미국 | 마크 포스터 감독 | 121분
진행 | 곽한영 부산대학교 교수·법교육학자

1/21(수)
숨
Breath
2025년 개봉 | 한국 | 윤재호 감독 | 72분
진행 | 천정환 성균관대학교 교수·문화학자

2/11(수)
할머니가 죽기 전 백만장자가 되는 법
How to Make Millions Before Grandma Dies
2024년 개봉 | 태국 | 팟 부니티팻 감독 | 126분
진행 | 류준필 서울대학교 교수·고전문학연구자

3/18(수)
플로우
Flow
2025년 개봉 | 라트비아, 벨기에, 프랑스 | 긴츠 질발로디스 감독 | 85분
진행 | 김찬휘 위드위드 대표

4/22(수)
목소리들
Voices
2025년 개봉 | 한국 | 지혜원 감독 | 89분
진행 | 박형준 부산외국어대학교 교수·문학평론가

(주)상지이앤에이/엔지니어링건축사사무소 | 부산국제영화제 커뮤니티비프 | 관객문화협동조합 모퉁이극장

SINCE 1974, 삶과 사람 속 상지건축 50년

"상지는 아름다운 세상을
만들어 갑니다"

금샘도서관
부산다운 건축상 수상(2021)

(주)상지이엔에이/엔지니어링건축사사무소	(주)에스이에이건축사사무소	(주)디에스에이건축사사무소
부산시 중구 자갈치로 42 신동아빌딩 5층	서울 강남구 자곡로 174-10(강남에이스타워) 909호	대구시 중구 국채보상로 744(동인동4가) 2층
www.sangji21c.co.kr TEL.051-247-0208	www.sea-arch.co.kr TEL.02-2051-0650	www.archidsa.co.kr TEL.053-422-0208